U0740670

PUHUA BOOKS

我
们
一
起
解
决
问
题

Venture Capital
Private Equity

风险投资+私募股权

中国创投简史（第二版）

投资界网站　著

人民邮电出版社
北京

图书在版编目（ＣＩＰ）数据

中国创投简史 / 投资界网站著. -- 2版. -- 北京：
人民邮电出版社，2024.1
ISBN 978-7-115-63125-1

Ⅰ．①中… Ⅱ．①投… Ⅲ．①创业投资－经济史－中
国 Ⅳ．①F832.48

中国国家版本馆CIP数据核字(2023)第205257号

内容提要

本书系统梳理了自 20 世纪 80 年代开始的中国创投产业发展历程，回顾了各个时代的代表人物、著名投资机构，以及他们创下的一个个投资奇迹。从熊晓鸽、沈南鹏等一众风险投资人的成长经历中，从互联网到硬科技等一代代科技企业巨头的诞生与演变过程中，我们可以看到风险投资的力量、创业者的企业家精神，以及科技创造伟大财富的神奇过程。

对于风险投资和私募股权行业的从业者以及有融资需求的创业者来说，本书都是一本有价值的行业指南。

◆　　著　　投资界网站
　　责任编辑　王飞龙
　　责任印制　彭志环
◆人民邮电出版社出版发行　　北京市丰台区成寿寺路 11 号
　　邮编　100164　电子邮件　315@ptpress.com.cn
　　网址　https://www.ptpress.com.cn
　　固安县铭成印刷有限公司印刷
◆开本：720×960　1/16
　　印张：16.75　　　　　　　　　2024 年 1 月第 2 版
　　字数：240 千字　　　　　　　2025 年 9 月河北第 12 次印刷

定　价：69.80 元
读者服务热线：（010）81055656　印装质量热线：（010）81055316
反盗版热线：（010）81055315

推荐序一

这是一个伟大的时代!

倪正东, 清科集团创始人、董事长, 清科创业 CEO

20 多年前, 我在清华大学读研究生的时候, 还不太懂创业的含义, 更没有听说过"风险投资"或者"创业投资"这些名词。因为一些偶然的原因, 1997 年, 田范江、慕岩、杨锦方和我等一帮清华研究生创办了清华科技创业者协会, 并于 1998 年创办了亚洲第一个创业计划竞赛——清华大学创业计划大赛。那是我进入创投这个行业的起点。没想到, 后来自己的命运就彻底因此而改变了。

1999 年, 我和清华的几个同学创办了清科, 开始为新兴的创投行业提供各种服务。我把自己定义为行业的店小二, 后来又自称为杂货店店长, 努力为这个行业提供最好的基础服务。那个时候, 我们根本不知道 20 多年后, 中国的创投行业会像现在这样大、中国的各行各业会诞生如此多的巨头和独角兽。当初我的理想并不丰满, 但这个时代却创造了如此巨大的机会和潜力。

20 多年来, 我和清科见证、参与并推动了这个行业的发展。读《中国创投简史》的时候, 我感觉自己不断地在过去的时空中穿梭。1998 年, 我 24 岁, 熊晓鸽、阎焱 40 刚出头, 丁磊大约 27 岁, 沈南鹏也就 30 岁, 张颖 25 岁、还在美国、大约还没有进入这个行业, "张震"们还在读本科。那个时候创投界的"四大天王"是陈立武、徐大麟、刘宇环、王伯元。我以为他们会统治这个市场很久很久。但中国就是一个后浪颠覆前浪的大市场。2005年后，中国的投资界开始被熊晓鸽、周全、吴尚志、阎焱、沈南鹏、徐新等引领；2009年前后，靳海涛、刘昼、张磊、赵令欢等又加入领导者的大军；再后来，移动互联网时代到来，张颖、刘芹、林欣禾、符绩勋等又脱颖而出；2014年之后，又是一波新锐开始自立门户，开启投资界的二次创业大潮；与此同时，以徐小平、雷军、蔡文胜等为代表的天使投资人们，也掀起了一轮"全民天使"的高潮。2019年，科创板登场，中国创投进入了硬科技时代。悄然间，人民币基金和美元基金走上了截然不同的分岔路。

《中国创投简史》像电影一样，快速地回顾了中国创投和科技产业交织发展的20多年时间，解封了很多当年的故事，确实值得一读。但我们回忆往事，不是在盖棺定论，也不是为了一个行业的自嗨。我们回忆历史，是为了怀念那段传奇的岁月，更是为了憧憬更美好的未来。2020年之后，中国股权投资行业管理资本的总量超过10万亿元人民币。我们在各个领域仍然在迎来一拨又一拨新的投资机会。

作为典型的"70后"，我们连接着"50后""60后"，也连接着"80后""90后"。在这个市场上，有五个年代的人共同奋斗在投资的第一线。能够承前启后，是一种荣幸，也是一种责任。我在这个行业干了20多年，我还可以再干30年。我一辈子的青春年华都会献给创投这项伟大的事业。

这是一个伟大的时代，中国是一个伟大的国家。我的人生目标就是继续像滚雪球一样，将清科建成中国最大的创业和投资服务平台。

向创业者们致敬、向投资家们致敬！向我的老伙伴、小伙伴们致敬！向这个伟大的时代致敬！

推荐序二

中国创投是一首隽永的歌

熊晓鸽，IDG 资本创始董事长

记得 1992 年初，我带着 IDG 创始人麦戈文先生的信任回国来发展的时候，发现国内很多人还不知道什么是风投。那时也有很多人要创业，尤其是理工科的同学，但是他们不知道到哪里去找钱。而今天，中国是全世界风投基金最多的国家，也是创业者最多、最活跃的国家。

一晃 30 多年过去了。

回顾历史，中国创投行业的发展经历了几个阶段。IDG 刚进入中国的前 7 年，几乎颗粒无收。直到 1998—2000 年，我们看到中国互联网经历了第一次浪潮。搜狐、新浪、网易、腾讯、阿里巴巴……中国第一批最重要的互联网公司几乎全部诞生在这几年之间。

从 2000 年开始，中国创投开启了自己的元年。其实当时，互联网泡沫破灭的影响席卷欧美，国外风险投资机构遭受重创。不过，远在东方的中国，风险投资正作为一个朝阳行业冉冉升起，尤其是在深圳，本土创投机构的发展一时迎来井喷。

回顾过去，我的另一个深刻记忆是 2004 年夏天，硅谷的多家知名风投公司联合组织了一次中国旅行，这也是被视为中国 VC/PE 行业发展的分水岭。

此后，美元基金大举进入中国，也正是这群本土化美元 VC，后来几乎包揽了所有对中国互联网巨头的投资。

在那一个时期里，美元基金团队在"扫货"互联网项目，本土人民币基金在抢比较成熟的 Pre-IPO 项目。而 IDG 的投资团队则做了一个大胆的抉择——开始盯上可再生能源领域，并在 2007 年成立了专门的新能源投资团队，研究起了光伏、电池和电池材料等细分赛道。

时移易转，产业更迭。如今回头看，IDG 资本算是国内第一家在新能源领域"吃螃蟹"的投资机构。

2011 年 11 月，正是我加入 IDG 20 周年，麦戈文先生与夫人专程来了一趟北京。在行程的间隙我问他，当年为何敢拿偌大的资金赌在我这样一个毫无经验的人身上，麦戈文先生的答案让我铭记至今：

"Because you are the guy who'd bet your youth on China's future."（因为你这家伙敢拿自己的青春来赌中国的未来。）

这也是我从业 40 年来最大的感触：每一个人的命运都和国运有很大关系，在国家的发展过程中，要去找到自己最合适的位置，做合适的事情。

2021 年 4 月，适逢清华大学 110 周年校庆之际，我们宣布继续向清华大学 -IDG/ 麦戈文脑科学研究院进行捐赠。而 10 年前，清华大学 -IDG/ 麦戈文脑科学研究院正式成立。当年麦戈文先生和 IDG 资本的捐赠犹如一粒种子，让十分前沿的脑科学研究在中国高校生根发芽。

显然，现在的创投行业与 10 年前已经很不一样。如果说几年前大家还在为新的商业模式而兴奋，那么如今能点燃热情的却已经是新的技术、新的研究。外界可能不知道，IDG 资本大概是目前国内拥有博士学位员工最多的投资机构之一。

我们想把 IDG 资本打造成一个百年老店，至今已经走过了三分之一的路程。市场的起伏是一个常态，我们经历了数轮完整的经济周期，每一次危机来的时候，大家都慌得不得了，CFO 一天到晚找我，问有没有现金收回来。这时，我们需要有长期的发展规划，处变不惊。

潮起潮落，人来人往。熟悉我的朋友都知道，我的爱好之一就是唱歌，高兴的时候唱，不高兴的时候也唱。一路走来，中国创投行业如同一首隽永的歌，有低吟，也有激昂，我们会继续唱下去。

的英雄人物会比这本书里面提到的还要多得多！而未来的时代将比今天更伟大！

让我们一起翘首以盼，一起来倒计时吧！

是为序。

前　言

岁月如歌。

回首望去，从互联网到硬科技的变迁，从美元基金到人民币基金的交替，清科集团亲历了中国创投历史上最激荡的 20 余年。

直到今天，中国创投行业生态已经发生了深刻变化——以往凭借知名互联网项目一战成名的案例愈发稀缺；越来越多投资人活跃在硬科技战场上；更多的科创传奇和国家的发展紧密地联系在了一起。一方面，这一代投资人正源源不断地将资金投向更多硬核赛道，科技创新成为迫切的主旋律；另一方面，创投行业正经历着一场影响深远的更替，投资机构被赋予了不同往日的担当。

《中国创投简史》描绘的正是这 20 多年里中国创新创业领域从 0 到 1 的发展历程，也是中国创投行业从 0 到 1 的发展历程。在 1999 年、2000 年的时候，VC/PE 一年的投资总额只有 5 亿美元左右，投资机构管理的资本也不大，很多基金只有 1 亿美元的规模。而现在，中国股权投资机构管理的资金总量超过 10 万亿元人民币。虽然发展已经很快，但是，放到整个历史长河中去看，这还只是源头。

本书从 20 世纪 80 年代的改革开放开始，由国际投资巨头进入中国、本土创投崛起，讲述一路漫长历程。历史在演进，成败得失的故事在不断发

1

生。但是我们深知，我们的历史描述终究是沧海拾粟，我们无法记录所有成功的投资，有些成功甚至难以为外界所认知。

所以，让失败沉沙于大海，仅留其一二警示后人，我们用更多笔墨来记录下那些激动人心的时刻。

本书的作者团队由投资界网站的核心采编人员组成，投资界网站成立于2000年，是清科创业（港交所代码：1945.HK）旗下创业与投资资讯平台，具有强大的行业影响力与传播力。依托清科集团深厚的行业资源，23年来，投资界网站坚持提供专业、准确、及时的资讯以及深度报道，积累了大量的历史素材，这一次，我们择其要者编撰成《中国创投简史》。

历史上，有些创业投资的故事有多个版本，我们多方求证，尽力还原史实。这些年，很多机构都取得了出色的业绩，但是薄薄的一本《中国创投简史》难以涵盖所有，如有疏漏，非我所愿，还请谅解。我们也欢迎您提供更多史料和数据，我们将在未来的增订版中补充。

如果新进入者通过此书可以更快、更全面地了解中国创投行业的历史，对我们来说便是不负初衷；如果有人可以从前人的成败中获得激励或启示，这将是这本书记录历史之外溢出的价值。

目　录

第一章

VC 拓荒（1983—1999 年）

20 世纪八九十年代，万物初生，商业萌动，各种商业形态开始涌入中国，包括创业投资。

创业投资（Venture Capital，简称 VC，又称风险投资，在本书中，VC 也指风险投资人或机构）作为一种投资方式，发源于美国。1946 年，美国第一家风险投资公司成立。从创业投资的概念进入中国至今，其已经历了 30 多年的发展，私募股权投资的历史则更短一些。

最初的创业投资是从国家层面开始推动的。当时，国内没有多少人了解创业投资，一切都是在尝试与学习中开始的。

第一节　政府主导的尝试

像美国一样，在中国创业投资行业发展的初期（1983—1992 年），政府起了主导作用，一系列以促进科技进步为目的的政策，也同时推动了中国创业投资业的初步发展。

1985 年 3 月，中共中央发布《中共中央关于科学技术体制改革的决定》，指出：“对于变化迅速、风险较大的高技术开发工作，可以设立创业投资给以支持。”这一决定使得中国高技术创业投资的发展第一次有了国家级政策层面的依据和保证。

6 个月后，国务院正式批准成立了中国第一家高技术创业投资公司——中国新技术创业投资公司（后文简称“中创公司”），它带着支持中国科技行业快速发展的使命诞生。中创公司在成立之时就确定将创业投资作为其未来的核心支撑业务，职责只有一个，就是对国家科技产业进行创业投资。

中创公司的主要发起股东为国家科委和财政部。中创公司创立不久，这样的模式开始大范围地在全国复制，各地科委和财政部门开启了共同组建政府背景的创业投资机构的浪潮。20 世纪 90 年代，有大量政府背景的创业投资机构诞生。当时，中国的创业投资还没有形成 LP（有限合伙人）群体，创业投资的资金来源单一，绝大部分来自政府和国有单位，主要是财政科技拨款。

很快，这些投资机构发现，钱投出去了，但是由于缺乏退出途径，无法获得投资回报。当时，国内的资本市场同样处于起步阶段，上交所成立于 1990 年，深交所成立于 1991 年，即便是中国第一家证券公司（深圳特区证券）也是在一年后的 1992 年才成立的。大家发现，国外早已成熟的 IPO 以及并购退出方式在国内根本不适用。

为了保证机构能够持续运营，不少创业投资企业的资金运作偏离了初衷和预定方向，开始投向成熟企业和行业，有的甚至投向当时红火的房地产和证券市场。1998 年 6 月 22 日，身为中国第一家创业投资企业的中创公司终因大量地产项目的投资失败而被终止业务，进行清算。在同一时期，不少创业投资企业也在类似的道路上夭亡。

现在来看，当时这些创业投资公司的失败是必然的，但是这个尝试是有价值的。借此，中国开始了解、认识创业投资。

第二节　熊晓鸽与 IDGVC 的诞生

就在政府大力推动中国创业投资行业的过程中，一股市场化的投资力量也敏锐地预见到了快速发展的中国对于创业投资的迫切需要。

20 世纪 90 年代初，创业投资作为舶来品登陆中国。捷足先登者包括美国国际集团（AIG）、IDG、H&Q、中创公司（China Venture Tech）、富达（Fidelity Ventures）、泛亚（Transpac）、新加坡政府投资公司（GIC）、保诚（PAMA）、高盛（Goldman Sachs）、摩根士丹利（Morgan Stanley）、兰馨亚洲（Orchard Asia）、宏碁技术投资（Acer VC）、集富亚洲（JAFCO）、华登国际（Walden）等。

其中代表性投资案例发生在 1998 年，AIG 基金以 2.8 亿美元投资了中海油。促成并且整体操盘这项投资的是时任 AIG 北亚和大中国区董事总经理的阎焱，这是当时单笔投资额最大的投资案例。3 年后，中海油在纽交所成功上市，这笔投资为 AIG 获得了 3 倍回报。

那时可投资的好项目不多，VC 们刚进中国，都处在摸索阶段，不太有正面竞争，而是时常聚在一起交流，分享经验教训。

从那时算起，投资项目最多、坚持时间最长的是熊晓鸽和他的 IDGVC（2009 年更名为 IDG 资本）。

1988 年，郁郁不得志的乔布斯刚刚离开了苹果公司，开始了他的另一次创业；比尔·盖茨的 Windows 操作系统业务刚刚开始起步。在硅谷，由新技术带来的计算机创业革命正在持续发酵。没有人能够想象，一位刚刚漂洋过海来到美国的年轻人，数年后找到了开启中国创投时代的金钥匙。

在美国波士顿弗莱彻法律与外交学院读书的熊晓鸽，这一年暑假受聘于卡纳斯出版公司的《电子导报》（*Electronic Business*），负责其在硅谷电子行业和创业投资方面的新闻报道。也正是从这时候开始，他接触到了创业投资，认识了很多创业投资商和创业者。

最先和他打交道的是一群中国台湾人和美籍华人，他们经常主动邀请熊晓鸽过去做采访，有时候发传真预约时间，有时候直接开车来邀请。第一次听到 VC 这个词时，熊晓鸽在脑海中将 VC 看作是很牛的一群人。硅谷的存在是因为一些有技术的人才，有创业传统，还有从老牌电子公司出来的一些人想创业。其中最重要的是 VC，美国互联网时代的崛起正是因为 VC 的推动，硅谷也正是 VC 与创业者共同孕育的。由此，熊晓鸽慢慢迷恋上了创业与 VC。

1991 年 8 月，熊晓鸽想回国做中文版刊物，但被卡纳斯出版公司拒绝。心灰意冷的他给 IDG 董事长麦戈文写信求职，约好半个小时的面试，他和麦戈文谈了 3 个小时，没想到他对中国未来发展的想法与麦戈文不谋而合。

熊晓鸽和麦戈文的相识颇有缘分。1988 年，中信集团领导访美并在弗莱彻演讲，《电子导报》赞助了演讲后的晚宴。熊晓鸽担当了麦戈文的翻译，他也因此给麦戈文留下了不错的印象。

3个月后，熊晓鸽正式到IDG上班，他在1991年12月就到北京找到《国际电子报》，把这份报纸合并到《计算机世界》，变成了后来的《网络世界》，这是他到IDG做的第一个项目。对于刚回国的熊晓鸽来说，他的最初梦想是做一份关注中国互联网发展的国际性杂志。因为受到麦戈文影响，熊晓鸽才最终走上了创业投资这条路。

IDG在中国做的第一笔创业投资是1989年1月投资太平洋比特体育器材公司。随后，IDG认为，在中国除了出版业务外，创业投资行业孕育着更大的机会。1993年6月，IDG在上海建立了第一家风投公司——上海太平洋技术创业投资公司（后更名为IDGVC），熊晓鸽担任第一任总经理。1999年之前，中国的IDGVC只是公司内部的一个投资部。1999年互联网热潮到来后，IDGVC改为合伙人制，这也就是今天的IDG资本的雏形。

IDGVC最早的团队组建颇有些传奇色彩。当时，麦戈文请来一家英国老牌创业投资公司的高级人员到中国考察，从深圳入境，到北京、上海转了一圈，结论是找不到管理团队。他们选人的标准是：必须有10年以上管理基金的经验，读过类似于哈佛、斯坦福这样名校的MBA，年龄在35～45岁。结果找了一年半都没有合适的人选。在当时的中国，符合这类条件的人才大多在海外，即使回国也都是供职于投资银行，很少有人对创业投资感兴趣。

熊晓鸽说服了麦戈文，决定自己组建IDGVC的本土化团队。最先被请来的是他的老朋友周全。"周全是中国科学技术大学毕业，理工科博士，我们认识多年，经历相似，互相认同。周全没读过MBA，没有管过公司，但是他智商高，肯学习，且具有不为常人所知的激情。寻找合伙人和寻找投资项目有相通之处，没有共鸣是没法合作的。"熊晓鸽后来回忆道。

作为最早加盟IDGVC的合伙人，没有任何金融背景的周全当初面临的困难远远不止缺乏基金操作经验这一项。"上当受骗，与国内合资伙伴目标上的不一致，与VC运行机制相适应的法律环境的缺失，尚显稚嫩的私有经济……"这些至今仍让周全记忆深刻。

周全还曾表示："IDGVC在设立之初，就建立了基本的制度框架，即使后来有了新的GP（普通合伙人）加入，也不能使基本的制度框架发生大的变动；另外，在具体的投资决策上，IDG总部又给了我们很大的自由，这使我们的管理团队非常本土化。"

随后，熊晓鸽和周全遍寻世界，网罗人才。首先加入的是林栋梁。清华计算机系毕业的林栋梁在1993年之前一直和北京市科委有合作。一个偶然的机会，林栋梁得知IDG与科协打算一起成立基金，他因此结识了熊晓鸽并最终被熊晓鸽的诚意打动，他主要负责互联网技术和新能源方面的投资。

不久后，曾经在国企工作的章苏阳在1992年选择加入了万通，他的老板正是有着"万通六君子"之称的冯仑。1993年，章苏阳出任上海万鑫实业有限公司总经理，负责工业领域投资。在谈一个项目合作时，章苏阳结识了熊晓鸽和周全，最终加入IDGVC。

1997年杨飞加入，2年后过以宏、李建光加入，IDGVC集结了一批具有远见卓识的投资精英，也开启了至今长达30多年的中国科技企业的掘金之旅。

第三节　外资机构长驱直入

中国第一批最重要的互联网公司几乎全部诞生在 1998—1999 年，这是中国互联网伟大而光荣的时期。而当时，谁也不曾想到，日后中国互联网的超级巨头们正在悄悄萌生。中国的创业投资者以及私募股权投资者也在此时开始活跃。

1994 年 4 月 20 日，中国通过一条带宽 64kbit/s 的国际专线，全功能接入国际互联网，这成了中国互联网时代的起始点。后来，这一天被称为中国互联网诞生之日。随后，原邮电部正式向社会开放互联网接入业务，互联网服务供应商（ISP）如瀛海威等开始出现，互联网创业浪潮渐起。

这年底，马云第一次听说互联网。1995 年年初，美国之行后，踌躇满志的马云迅速开启了互联网创业的脚步，他和妻子、朋友凑了两万元，成立了专门给企业做主页的杭州海博网络公司，网站取名"中国黄页"，成为中国最早的互联网公司之一。不过刚起步的"中国黄页"业务开展得并不顺利。当时的马云与其说是总经理，不如说是个推销员。那时大家还不知道互联网为何物，很多人将马云视为到处推销"中国黄页"的"骗子"。

1994 年，24 岁的应届毕业生张小龙提前探访了他即将被分配去的工作单位——某机关。这位未来的 Foxmail 创始人、微信之父事后确认，他当时几乎是望了一眼大楼就立即放弃了"铁饭碗"，决心投入充满活力的互联网行业。

1995 年 11 月，日后成为马云最大投资人的孙正义刚刚完成了一笔创业投资，投资 100 万美元给年仅 26 岁的在读博士生杨致远和他的雅虎团队。1996 年 3 月，孙正义以 1 亿美元（占股 35%）追投雅虎而震惊业界，当时雅虎员工已从 5 人增加到 15 人。

1996 年 11 月 19 日，中国第一家网络咖啡屋"实华开网络咖啡屋"在北京首都体育馆附近开门迎客，随后"网吧"这个新名词也迅速被人们熟知，互联网在中国开始普及。

到了 1997 年年底，"中国黄页"的营业额不可思议地做到了 700 万元！此后，随着互联网在中国的升温，"中国黄页"在一夜之间冒出了许多竞争者。

其实，有一个人比马云更早认识互联网，这个人就是雷军。1992 年初，22 岁的雷军加盟金山公司，从产品开发做起，一直工作到 38 岁。雷军在金山工作了整整 16 年，期间完成了金山的 IPO。

1996 年，留美归国的张朝阳在《连线》杂志专栏作家尼葛洛庞蒂、创业投资家爱德华·罗伯特和邦德给的 22.5 万美元的投资支持下，成立了爱特信公司，这是中国首家以创业投资资金建立的互联网公司。1998 年 2 月 25 日，爱特信正式推出其品牌网站——搜狐网。1998 年 4 月，爱特信公司获得第二笔创业投资，投资者包括英特尔公司、道琼斯公司、晨兴资本、IDGVC 等，共 220 多万美元。同时，爱特信更名为搜狐。

1997 年 1 月 1 日，人民日报社主办的人民网正式上线。这是中国开通的第一家中央级重点新闻宣传网站（2012 年 4 月 27 日，人民网在上海证券交易所上市）。

1997 年 6 月，26 岁的丁磊在广州创立网易公司，注册资本 50 万元人民币，员工 3 人，办公面积只有 8 平方米。1998 年 2 月，中国第一个全中文界面的免费邮件系统诞生，仅半年时间，注册用户高达 30 万。此时，各大公司纷纷致电丁磊，要购买网易免费邮件系统，这就是网易赚取的第一桶金。1998 年 5 月，网易在 CNNIC 的年度最佳网站中排名第一，成为中文互联网排名第一的网站。丁磊后来回忆说："这之后，华尔街的投资人就在我们门口排队了，他们抢着要给我们钱。那时候是 1998 年年中，我们公司才 10 个人左右。"

1997 年 9 月，30 岁的王志东集结了中国做软件开发最牛的一群人，成立了四通利方，并且成功吸引了后来中国创业投资领域最著名的一对兄弟——冯波和冯涛，以 40% 的股权换回了 650 万美元的投资。1998 年 10 月 20 日，原四通利方论坛改为四通在线，宣布推出网络门户站点。同年 12 月，四通利方收购华渊资讯网，二者合并后推出"新浪网"。

华渊资讯网的联合创始人后来成为创业投资业内声名显赫的投资人，他就是后来带领 DCM 中国在 10 年间投出 11 家美股上市公司的 DCM 董事合伙人林欣禾。自创立华渊资讯网起，林欣禾在新浪前前后后工作了 10 年。

1998 年 6 月，中国互联网用户数首次突破百万大关，达到 106 万户。此时，中国创业投资的环境开始改善，互联网企业的融资路径逐步明确。这一切预示着中国互联网的第一次发展热潮即将到来。

1999 年 2 月，马化腾抱着试试看的心态令 OICQ 上线。谁也不会想到，仅 9 个月的时间，OICQ 的用户数就突破百万；不到 1 年，用户数暴增至 500 万。伴随不断增加的庞大用户群，OICQ 需要更多的服务器支撑，但此时腾讯公司账面上只剩下 1 万元现金了。怎么办？在开源无望的情况下，此时的马化腾只有两件事可做：一是增资减薪，二是把腾讯卖掉。

股东们一致同意把股本从 50 万元增加到 100 万元，于是"腾讯五虎"（马化腾、张志东、曾李青、许晨晔、陈一丹）不仅咬牙将薪水减半，还增加了个人的资金投入。可这些都只是杯水车薪，尚不足 1 岁的 OICQ 仍然面临夭折的危险。相比增资减薪，把公司卖掉也许是一个更痛快的办法。当时马化腾的开价是 300 万元，他与曾李青开始四处寻找愿意出钱的人。据悉，起码有 6 家公司拒绝购买腾讯公司的股份，其中有腾讯公司的房东——深圳赛格集团。时任赛格电子副总经理的靳海涛回忆说："马化腾找了我们好几次，但那个时候我们也没有投。没有投的原因是什么呢？这玩意儿看不明白。当年如果投了，起码增值几千倍。"还有曾李青的老东家广东电信，最终洽谈收购也是无疾而终。除了深圳当地的企业外，马化腾等人还分别跑到北京和广州，先后找了 4 家公司谈判出售腾讯。对公司的估值，收购方最多出到 60 万元，这连马化腾等人预计的底线都未达到。

在出售公司不得其法之后，曾李青向马化腾提议，换一批人谈谈。他说："现在要去找一些更疯狂的人，他们要的不是一家现在就赚钱的公司，而是未来能赚大钱的公司；他们不从眼前的利润中获取利益，而是通过上市或再出售，在资本市场上套利。他们管这个叫 VC，Venture Capital，创业投资。"这是马化腾团队第一次听到"创业投资"这个名词。

曾李青找到了刘晓松，刘晓松曾经给腾讯投过钱。鉴于此次腾讯要融的资金比较多，他就将 IDGVC 的熊晓鸽推荐给了腾讯（熊晓鸽和刘晓松同出自湖南大学）。之后，熊晓鸽让 IDGVC 深圳的总经理王树负责此事。尽管还没有清晰的商业模式，但曾李青还是拿着数易其稿的商业计划书，拉着马化腾一同与王树会面。这次会面最终让 IDGVC 冒险决定投资腾讯。其中有两个缘由：一是 1999 年 3 月，AOL 斥资 2.87 亿美元收购 ICQ，而作为 ICQ 的中国模仿者，OICQ 或许值得投资；二是虽然还没有找到靠谱的商业模式和清晰的盈利前景，但 OICQ 确实已拥有庞大并不断暴增的用户群。

除了 IDGVC 之外，曾李青还通过中间人找到了盈科数码。虽然一度犹豫，但盈科数码也认可了腾讯的实力和前景，其在 IDGVC 最终拍板之后也同意投资。最终，IDGVC、盈科数码联合投资 220 万美元，各占 20% 的股份。这是腾讯公司得以继续生存发展的最重要的一笔创业投资。2000 年初，投资协议最终签订（赶在了 3 月纳斯达克互联网泡沫破灭之前）。这笔创业投资得之不易，完美的时机说明腾讯运气上佳、如有神助，从容而波澜不惊地渡过了这场互联网业始料不及的空前劫难。

至此，日后长期称霸中国互联网界的四大门户网站：搜狐、新浪、网易、腾讯已建齐，中国互联网正式走入门户时代。

1999 年 3 月，做"中国黄页"并不成功的马云回杭州创办阿里巴巴网站，注册资本 50 万元人民币。加上马云自己，一起创业的一共是 18 个人，就是后来著名的阿里巴巴创业"十八罗汉"。彼时互联网领域的两个主要商业模式是做新闻门户和做搜索，而马云则是这些人里面唯一做电子商务的，所以当时的马云非常不被看好。

1999 年底，阿里巴巴获得了高盛 500 万美元的天使资金。当时引进这笔资金的人叫蔡崇信，此后他留在阿里巴巴担任 CFO 一职，在阿里巴巴称霸中国电商的创业史上屡立战功。

这一时期，电子商务开始起步，互联网不再只是消费平台，越来越多的人通过电子商务获得创业的机会，网商群体崛起。随后，网络游戏、网上银行、网上教育等逐渐兴起。

1998 年 10 月，周鸿祎成立了国风因特软件有限公司。很快，一个用于中文域名指引的客户端产品被开发出来，这就是当时红极一时的 3721。此时公司的启动资金告罄，周鸿祎急需寻找投资者，终于在四处碰壁后遇到了IDGVC。

时任 IDGVC 合伙人的王功权、林栋梁尽管并没有看懂周鸿祎的商业模式，但还是在 1999 年 6 月给 3721 投资了 25 万美元的种子资金。2000 年，3721 进行了第二轮融资，获得万通投资集团、IDGVC 以及欧洲 CIV 三家共

200 多万美元的风险投资。2002 年，3721 获得日本创业投资巨擘集富资本 1000 万美元的第三轮投资。2003 年，周鸿祎将 3721 以 1.2 亿美元的价格卖给了雅虎。这算是最早的一个以并购的形式退出的案例，不过失去 3721 一直是周鸿祎心中不可言说的痛。

1999 年 11 月，陈天桥夫妇与弟弟陈大年一起创立盛大。最初的盛大只是一个卡通网站，目标是成为"网络版的迪士尼"。3 个月后，盛大获得中华网 300 万美元的投资。尽管坚持了两年，但卡通这条路并没走通。2001 年，陈天桥决定背水一战，全力转向网游。后来，游戏成为盛大最著名的标签。

1999 年底，身在美国硅谷的李彦宏看到了中国互联网及中文搜索引擎服务的巨大发展潜力。抱着技术改变世界的梦想，他毅然辞掉硅谷的高薪工作，携搜索引擎专利技术于 2000 年 1 月 1 日在中关村创建了百度公司。

在这段时间，毫无疑问，IDGVC 投资的案例最多。不过，除了熊晓鸽和 IDGVC，当时还有一些外资投资人和投资机构非常活跃，比如徐新。1995 年，徐新进入中国香港当时最大的本土券商百富勤。在中国内地还没有人喝瓶装水的时候，百富勤参与了对娃哈哈的投资。1999 年，在霸菱投资期间，徐新以 600 万美元入股网易。同样在 1999 年，徐新作为天使投资人投资中华英才网并担任其董事长。

当时在国内，私募股权（Private Equity，简称 PE）还是鲜为人知的概念，但是最早的一批 PE 投资人已经开始崭露头角。

在国外，20 世纪 80 年代，世界私募股权业已经进入高速发展期。1985 年，彼得·彼得森和斯蒂芬·施瓦茨曼共同创建了黑石（Blackstone），依靠私募股权投资在短时间内快速成长为美国最知名的资产管理公司之一。这对于当时正在世界银行工作的吴尚志触动很大。

"当年黑石起步也是很难的，跑了二十几家投资人，就一家出资。但是这些年为什么发展这么快？主要是由于它创造了可预测的回报。"在很多年后接受《财经》采访时吴尚志总结道。和吴尚志一样，很多中国金融从业者都受到了黑石等私募股权机构快速发展的冲击，比如谢国忠、阎焱等人都受此影响而选择将投资作为自己未来的职业。

1993 年，吴尚志辞去世界银行的高薪工作回到国内，开始募集基金，不过并不顺利。1995 年，中金公司成立，作为总裁的林重庚来找吴尚志，希望他去中金公司工作。吴尚志接受邀请，并选择了中金公司筹备中的直接投资部。在吴尚志、洪荣兴、焦震等人的率领下，中金公司直接投资部很快投资了中国移动、新浪网、鹰牌陶瓷、南孚电池等项目，主导投资总额达 2 亿美元。

孙强将公司的中文名字起为"华平"。这取自英文名字的两个字头，简明易记，是他的得意之作。

前华平亚太区主席孙强也可谓是国内私募股权投资业最早的奠基人之一。1994 年，全球最大的股权投资公司之一的华平投资集团（Warburg Pincus）落户中国香港。当年 6 月，孙强离开高盛，来到华平投资。这是一个相当具有前瞻性的决定，因为这个转行牵涉到孙强的工资被降低一半，而且要损失半年的奖金和放弃很多只有在美国一流投资银行才有的优厚待遇。而这也基本是当时中国第一批海归投资人共同面临的选择。1995 年下半年，孙强带领华平作为最早的外资股权投资公司之一进入了中国市场。

1999 年，即将从清华毕业的倪正东和他的几位同学成立了清科公司，并筹备举办了第一届中国创业投资论坛。这次论坛几乎聚集了当时绝大部分活跃的 VC、PE 机构投资人。后来，倪正东谈到 2001 年的这场论坛时说："当年的论坛总共只有 150 人参会，但正是在这 150 人中，很多人成了日后中国创业投资以及私募股权投资界的翘楚，包括孙强、熊晓鸽、徐新、阎焱、吴尚志等。"

第四节 创业板要来了！本土投资机构蜂拥而起

当境外投资机构在中国经济飞速增长的大潮中长驱直入的时候，中国本土创业投资刚刚经历了一波投资机构倒闭潮，整体市场发展几乎陷于停滞。

1998 年，也就是中创公司关闭的这一年，一份提案（《关于尽快发展我国风险投资事业的提案》）出现了。这就是后来被认为引发了一场高科技产业新高潮的"一号提案"，而这一提案也开启了长达 10 年的在中国设立创业板的起起伏伏的征程。

随后，创业板的设立开始疾步推进。

1999 年 12 月，全国人大常委会修改《公司法》，高新技术企业可以按照国务院新颁布的标准在国内股票市场上市，同时，决定建立一个单独的高科技股票交易系统。

2000 年 5 月，国务院同意证监会的提议，将二板市场定名为创业板市场。

2000 年 9 月，深圳证券交易所建立了创业板市场的基本组织体系。

2000 年 10 月，深圳证券交易所组织全部会员单位完成了创业板技术系统的全网测试。此时，深圳市政府早已推荐了 23 家预选企业准备上市。数据显示，其中超过八成的企业有创业投资机构注资。

由此，万众瞩目的创业板呼之欲出。

这期间，在创业板的召唤下，大量创投机构应运而生。

最早的一家是 1996 年由厉伟创立的深港产学研创业投资有限公司（以下

简称深港产学研），注册资本 1.5 亿元，这个金额在当时可以说是非常大的。

1999 年，深圳市政府斥资 5 亿元成立深圳创新科技投资有限公司（以下简称深创投），并任命与管金生、尉文渊齐名的阚治东出任第一任总裁。

一时间，大量人才与资本涌向创业板的大本营深圳。2000 年，达晨创投成立，同创伟业成立。此时，我国第一批按市场化运作设立的本土创投机构如雨后春笋般诞生了。

这一年，深圳市创业投资同业公会、上海创业投资企业协会等全国各地的创业投资协会相继成立。根据记录，2000 年深圳市创业投资同业公会成立的时候，有近 50 家创投企业及相关的中介机构入会，而到了 2001 年，深圳设立的创业投资机构便有 120 多家。

国家计委创业投资和资本市场研究中心主任宋立博士于 2002 年编撰的《中国创业投资发展报告》显示，1999 年国内新增创投机构 40 家，2000 年新增创投机构 102 家，存量猛增至 201 家，增速空前。

然而，让人意想不到的是，创业板的设立戛然而止，所有的本土投资机构被架到了半空中。

Chapter 2

第二章

开创者们的远见（1999—2003 年）

2000 年，美国的互联网泡沫破灭让美国硅谷与华尔街遭受重创，对于中国创投市场的影响更是超出了人们的想象，人民币基金所遭受的打击甚至比美元基金更为严重。因为，它直接导致了创业板的搁浅。

第一节　第一次中国互联网创业泡沫

2000 年 3 月 10 日，纳斯达克股指达到了其顶峰 5 132 点，但是，一家家互联网公司的财务状况恶化及财务造假、高管套现等情况被披露，各种迹象都表明，一场危机正在到来。2000 年 4 月 3 日，微软垄断案宣判，微软创单日最大跌幅，这也宣告这场互联网泡沫开始破灭。高科技公司的股价开始下跌，其中思科的股票累计最高跌了 90%。

随即，纳斯达克市场出现踩踏行情。纳斯达克的投资杠杆功能更是加速了纳斯达克泡沫破灭。在后来的两年，纳斯达克股指从 5 100 点下跌到 1 100 点。平均市盈率从 1999 年的 78 倍大幅下滑到 2012 年的 23 倍。1999 年，美国出现了 457 个 IPO，大部分是与科技相关的公司，其中 117 家公司在上市当天股价翻倍。到了 2001 年，IPO 的数字锐减到 76 个，且没有一家公司的股价在上市当天就翻倍。

在微软垄断案宣判 10 天后（2000 年 4 月 13 日），新浪在纳斯达克宣布首次公开发行股票，发行价每股 17 美元。之后网易和搜狐相继上市，三大门户亲身经历了美国互联网泡沫破灭的全过程，股价甚至一度破发。

后来，林欣禾回忆说："新浪的股价一度跌至每 ADS 1 美元，华登国际投资成本大概在每股 3 美元，在股价为 4 美元时退出。当时几乎没有哪家投资机构赚钱了。在当时看来，少利退出已经算是成功。而且，股价低迷持续了几年之久，直到 2003 年才开始有起色，股价从不到 10 美元涨到 20 美元、40 美元，最高时冲到了 100 多美元。"

这波互联网泡沫破灭的威力之大，已经不局限于硅谷和华尔街，甚至穿越了太平洋，让远在中国的创业投资机构都谨慎起来。大批的中国互联网公司难以融资，失血而亡。在当时，能够成功拿到融资活下来的公司，日后都成了巨头，其中就包括百度。

2000 年夏天，杨飞与周全在北京的恒基中心的 IDG 公寓里与李彦宏第一次会面，当时李彦宏正拿着百度的项目寻找投资者。李彦宏告诉杨飞，百度已经完成了第一阶段 100 万美元的融资，现准备用 10 个月的时间融资 1000 万美元。杨飞告诉李彦宏说，他们没这么多钱投，但是他们一定要投。

2000 年 9 月，杨飞在百度第二轮融资的时候，投入 150 万美元，IDGVC 共获得百度 5% 的股权。回顾当时的环境，IDGVC 投资百度的时间是在 2000 年 9 月，此时距离 2000 年 4 月份互联网泡沫破灭只有 5 个月的时间，互联网经济正处于最寒冷的冬天，大家都对互联网公司避之不及，所以杨飞的投资一度被看作是勇敢的尝试。

回顾那次投资，杨飞曾回忆道："签约前一夜整晚没睡，当时的百度只是一个为其他网页提供搜索引擎的技术提供商，从中赚取技术使用费，并没有自己的门户网页。而由于当时网络的泡沫经济，全国有几千家类似的互联网公司毁于一旦。"他知道对百度的投资如履薄冰，无异于一次赌博。

事实证明，杨飞的眼光是没错的。百度是 IDGVC 最成功的投资案例之一。2005 年，百度上市后，为 IDGVC 带来 100 倍的投资收益，回报数额高达 1 亿美元，成为创业投资界的一段佳话。

在李彦宏与百度成功的背后，站在幕后的杨飞功不可没。2002 年的一个晚上，杨飞与李彦宏谈了 6 个小时改变商务模式的问题。按照原来的模式走，不足以支持百度成为一个大公司，而最好的方式就是让自己成为搜索引擎的服务提供商，成为新兴的媒体。两人还就要做世界第一的中文搜索引擎还是仅次于 Google 的搜索网页进行了争论，最终决定要做就做第一，绝不跟着别人屁股走。

李彦宏与杨飞的这次现代版"隆中对"也为日后百度的战略指明了方向。在此后数年的时间里，百度与 Google 中国的竞争一直是业内关注的话题。百度最终成为中文搜索引擎老大并位列 BAT 三巨头之一，这是早在十多年前两人定下的目标。

在 2000 年的这次互联网泡沫浪潮中，腾讯曾经一度命悬一线。

2000 年末，QQ 的注册用户数即将突破惊人的 1 亿，腾讯急需新的资金注入，以便添置服务器来支持公司继续发展。然而，由于互联网业持续萧条，投资方 IDGVC 和盈科数码逐渐有了要撤股套现的想法。

最早萌生退意的是 IDGVC，当时的 IDGVC 在中国先后投资了 80 多家互联网创业公司（投资总额近 1 亿美元）。到 2000 年底，其投资的数十家公司都遭受重创。其中最成功的是金蝶软件（2001 年 3 月在港上市），最惨的是重金投入的电商网站 8848，倒在了上市前的最后一道门槛上。在市场环境最为暗淡的时候，IDGVC 也需要套现存活。

作为投资方的 IDGVC 和盈科数码，都认为腾讯的商业模式是不会被主流资本青睐的，因为烧钱无比凶猛，盈利遥遥无期，继续投资就等于继续烧钱。为此，双方进行了多轮面谈，两家股东最终同意以贷款的形式给予腾讯 200 万美元，同时开始积极寻找愿意接盘的公司。IDGVC 从中牵线接触了新浪、搜狐、雅虎中国、金蝶、联想集团，盈科数码则找了中公网以及自己控股的 TOM.com，甚至还有著名导演王晶，但当时全中国竟然没有一家公司或个人愿意收购腾讯的股份。

正在一筹莫展之际，国际传媒大鳄 MIH（米拉德国际控股集团公司）来了。MIH 绝非等闲之辈，它在纳斯达克和阿姆斯特丹证券交易所同时上市，是南非最大的付费电视运营商，年营业额约 2.5 亿美元，市值 40 多亿美元。双方几经商讨，MIH 最后以现金支付的方式购得 32.8% 的腾讯股权（盈科数码 20%+IDGVC 12.8%），同时将公司控制权保留给马化腾。

MIH 一直坚定地看好腾讯的成长潜力。2002 年 6 月，它又从腾讯的其他主要创始人手中购得 13.5% 的股份，腾讯的股权结构由此变为创业者占 46.5%，MIH 占 46.3%，IDGVC 占 7.2%。直到 2003 年 8 月，腾讯创业团队才将 IDGVC 所持剩余股权悉数购回，经过股权结构的重新调整，最终形成了上市前 MIH 与创业团队分别持股 50% 的股权结构。

按照 IDGVC 的决策模式，一般项目如果能获得 10 倍以上的回报，又没有看到太大的空间，就要考虑退出的问题。但如果当时没退出腾讯的话，IDGVC 在腾讯所获得的回报或许将会超越百度。

随着第二轮融资的成功，腾讯熬过了凤凰涅槃前的终极难关，之后迎接他们的便是一片光明。回首这段充满神奇色彩的历程，作为早期创投方，IDGVC 和盈科数码还是独具慧眼的，虽然二者都低估了腾讯的成长潜力。腾讯的高速发展也为两家风投带来了丰厚的回报，盈科数码以 210 万美元的投资（出售价格 1260 万美元），在一年多的时间里就获得 1000 多万美元的回报，堪称奇迹。

相比马化腾和李彦宏的"孤军奋战"，阿里巴巴在早期与风投结缘时有个神助攻，这个人被称为马云背后的男人——蔡崇信。如果没有蔡崇信，可能就没有今日的阿里巴巴。从 1999 年开始直到现在，阿里巴巴跨越的每一个资本难关都离不开他的奉献。有人曾这样描述："蔡崇信与马云都是 1964 年出生，但除此之外，两人从家世、学历、经历到个性，几乎没有一样相同，甚至是南辕北辙。"马云开朗活跃，擅长演讲，有独特的个人魅力；而蔡崇信安静低调不多言，人很随和。两人一动一静，一外一内，却是成就今日阿里巴巴庞大帝国的最佳拍档。

回溯马云的创业历程，多数人都是眼睁睁地看着这个人从一个"笑话"变成一个"神话"。1999 年 9 月 9 日（一个有着长长久久意味的日子），"小个子"马云在杭州家中用"十八罗汉"的 50 万元初始资本创立了阿里巴巴。"十八罗汉"被很多人称为"一群乌合之众"，每月只能拿 600 元薪资（"十八罗汉"之一的蔡崇信辞去了 AB 投资公司 70 万美元年薪的工作，简直匪夷所思）。当年 35 岁的马云的豪言壮语估计也没有几人当真，他说："我们所有的竞争对手都不在中国，而在美国的硅谷。"

早期的阿里巴巴可以用两个词来概括：前途渺茫、"钱"景荒芜。根据现在的资本市场标准评判就是"两眼一抹黑"。而互联网创业公司从最初发展至今，烧钱是必不可少的"标签"之一。彼时的阿里巴巴面临的最大难关也是"钱"，在经历了 3 次有起死回生意义的融资后，才渐渐步入正轨，成就了今时今日的世界级互联网巨头。而从 1999 年创业的第一天开始，所有阿里巴巴的资金调度、转投资、募资入股，甚至到 2014 年 9 月 19 日阿里巴巴在纽交所重新挂牌上市等，蔡崇信都在以"总负责人"的身份全权统筹。

1999 年 10 月，阿里巴巴获得第一笔 500 万美元的天使投资，占股 40%，投资方是高盛、富达投资、新加坡政府科技发展基金、AB 投资公司等。1999 年的中国互联网产业发展得如火如荼，吸引了老虎基金等众多国际创业投资机构肆意砸钱。据悉，在高盛之前，

高盛，作为华尔街最著名的五大投行之一，素来以投资精准著称，但"神算"也有失算的时候，它过早"贱卖"了其在阿里巴巴的所有股权，至今提及依然令人扼腕。本来高盛是阿里巴巴的两大股东之一，但在 2004 年，高盛以 2200 万美元的价格出让所有股份，正式与阿里巴巴分道扬镳。尽管高盛这笔早期投资获得 7 倍回报，然而若再等上 10 年，就是 30 多倍的高额回报。

马云一连拒绝了 38 家投资商，因为他的目标更大、眼光更远，通过引进第一笔创业投资，除了需要投资方的钱之外，还希望以此带来更大的效应，比如下一步的创业投资、海外资源等。

2000 年 1 月，阿里巴巴获得了 2 000 万美元的第二轮融资，投资方是孙正义领导的软银（雅虎的最大股东）。1999 年底，马云与孙正义的首次会面被很多媒体赋予了传奇色彩，经过无数次演绎后，在东京 6 分钟拿下融资已经成了孙马之间"一见钟情""英雄惜英雄"的经典故事。

但真实的版本不是这样的。实际上孙正义第一次约见马云是在北京，地点是 UT 斯达康的办公室，但是因为孙正义迟到，这一次并没有见成，改为第二天约在酒店见面。当天跟马云一起见孙正义的还有中国最早开网吧的实华开创始人曾强。据悉，在那段时间孙正义约见了众多人物，包括当时已是互联网大腕的王志东、张朝阳、丁磊……马云只能算个小角色，但是这两个"小个子"男人彼此一见如故。

开始时，孙正义坚持出资 4 000 万美元，马云、蔡崇信经过反复商讨，为了保持创始团队的掌控能力和阿里巴巴的现状，最终将融资额敲定为 2 000 万美元。软银对阿里巴巴的投资，令孙正义在十年后成功问鼎日本首富，这段故事每每提及都令世人感叹孙正义的"慧眼识珠"。

对于成功捕获腾讯、百度，却错失阿里，熊晓鸽后来也遗憾道："投了百度、腾讯，漏了马云，是我们的心头之恨。"

这笔资金刚刚到位后不久，即 2000 年 3 月，美国科技股泡沫破灭，殃及诸多中国互联网创业公司，很多电商也在这波熊市中遭受了灭顶之灾。而阿里巴巴却因"外资金童"蔡崇信运筹帷幄的资本运作，成功度过了这场有惊无险的世纪风暴。

对于那次互联网泡沫时期的艰难光景，盛大创始人陈天桥很久之后都记得，他说："2001 年之前，盛大几乎每天都有可能死去；在 2002 年，盛大每个月都有可能死去；进入到 2003 年，盛大每个季度都有可能死去。"

第二节　互联网 1.0 时代的收获者

在这波互联网泡沫时期，有一小波投资人看到并捕捉住了中国互联网萌芽期的机会。敢在寒冬中出行，若非愚者，注定不凡。

中国 VC/PE 圈儿的新加入者

1999 年，孙正义带领 1981 年创立的软银集团进入中国，一口气连设 3 支基金：1999 年 7 月成立软银中华基金管理有限公司（软银中华），2000 年成立软银中国创业投资有限公司（软银中国），2001 年成立软银亚洲基础设施基金（软银亚洲）。

软银中华在国内先后投资了新浪、网易、8848、当当网上书店、携程旅行网等 20 多家国内互联网公司。但是由于投资规模较小以及进入时机等因素，软银中华并没有取得太好的成绩，后来逐渐淡出了中国市场。

软银中国创业投资有限公司（Softbank China Venture Capital，SBCVC）由软银和 UT 斯达康合资成立，最初各出资约 1 亿美元。也有一种说法，软银出 90%，UT 斯达康出 10%。但在 UT 斯达康出售股份后，双方的合资关系随即终止，日本软银集团拥有 SBCVC 的全部股权。所以软银中国成立初期，其资金全部来源于软银，相当于软银在中国的直接投资机构，第一任首席代表是周志雄。软银中国最初在中国投资的公司包括城市通、嘉德在线、51marry、好孩子、易宝、新利多、jia2000、contest2win。也正是这支来自软银中国的基金投资了阿里巴巴。

真正让软银成为国内翘楚的则是成立于 2001 年 2 月的软银亚洲基础设施基金（Softbank Asia Infrastructure Fund，SAIF），实际上它和日本软银并没有直接的关系。这支基金是日本软银公司与美国思科公司战略合作的结果，首期的资金规模为 4.04 亿美元，大部分的资金由思科而来，而日本软银仅仅是提供品牌和派遣相关人员进行管理。

当时，软银亚洲在全球招聘总裁，要求是亚洲人、有企业管理经验、有 10 亿美元以上基金的管理经验、懂 IT。在通信公司工作过的阎焱在七八十个候选人中脱颖而出，于 2001 年 10 月上任。

与此同时，国内本土的 PE 机构圈子也开始形成。

2001 年，证监会下达通知：证券公司不得直接或通过参股风险投资公司间接进行风险投资，已参与风险投资的证券公司需进行清理和整改，并于 6 个月内完成清理整改工作。看似不确定的政策性风险却给了吴尚志一个机会。2001 年 7 月，中金分拆直投部，吴尚志团队顺势接手了这盘业务，成立了鼎晖投资。

2002 年 4 月 15 日，吴尚志、中金直接投资部副总经理焦震等 5 人与中国经济技术投资担保有限公司共同出资成立了深圳市鼎晖创业投资管理有限公司，负责鼎晖的管理运作。从此以后，鼎晖创业投资管理有限公司成为国内第一家以有限合伙制运营的私募股权基金，而吴尚志也成为中国私募股权投资历史上的首批开创者。

和孙正义、吴尚志一样，那时一批优秀的开拓者们开始将目光转向新兴的中国市场。

曹嘉泰 1999 年加入美商中经合集团，当时的美商中经合只在台北和旧金山有办公室。曹嘉泰加入后，着力于美商中经合在大中华地区的发展，先后在香港和北京设置了办事处，同时组建并培训了中国本土的投资管理团队。2002 年，曹嘉泰和前同事刘伟杰共同创立戈壁合伙人有限公司。

互联网 1.0 时代的收获者

在互联网 1.0 时代，投资收获最大的 VC 机构无疑是最早的布局者——IDGVC。可以看到，包括百度与腾讯在内，当时的互联网一线公司几乎都有 IDGVC 投资的身影。

携程是章苏阳的代表案例。1999 年 10 月，携程网开通，IDGVC 投资了 40 万美元，随后章苏阳继续主导了后面的几轮投资。

谈起这次投资，章苏阳在日后回忆说："我最看重的是携程的创业团队和当时这个市场所面临的蓝海机会。携程最早注意到了经济型酒店的市场空白，其团队的组建也是非常完美。季琦，就是个天生创业的人。他是携程第一任 CEO，做过如家 CEO，一般说来，在多处成功的人，在另一个地方创业成功的概率也会很大。"

而当时与季琦一同创业的沈南鹏，在 2005 年加入红杉资本，成为其中国区掌门人。日后，IDGVC 与红杉中国成为中国 VC 圈中举足轻重的两大巨头。

早于携程 2 个月，章苏阳对另一家互联网公司易趣网也同样看好。1999 年 8 月，易趣网成立，公司在上海的一个两居室民居内办公，创始人邵亦波和谭海音是公司仅有的两名员工。即使如此，章苏阳作出投资易趣网的决定只用了 27 个小时。

《中国企业家》杂志 2009 年刊载《饭局精神》一文，文中援引章苏阳的话："邵亦波当年是在耕读院里，他穿着短裤很性感地就跑过来了，我们就签字了。"据当时的报道，邵亦波、谭海音的创业计划估值 300 万美元，IDGVC、万通国际及其他投资人，一共投入了 60 万美元。尽管没能独立上市，但是易趣日后被 eBay 收购，同样使 IDGVC 获得了不菲的回报。

一位后进入的投资人曾这样评价自 1993 年就进入中国市场的 IDGVC："他们赶上了那个时机，他们赚到了！"但不得不客观地讲，IDGVC 的高回报除了得益于时机，还有胆识。即便是在泡沫破灭触发了互联网世界崩溃的那两年，它也并未逃离，而是早早为未来布局。

在今天看来，IDGVC 当年的投资无疑都是成功的。但在互联网泡沫破灭的那个时代，IDGVC 的投资多少有点儿"敢为天下先"的胆魄。熊晓鸽谈起当年 IDGVC 的投资时坦言："在泡沫最低的时候，实际上也有很多的机会。如果我们钱更多一点，胆子更大一些，当年哪怕是网易，甚至我们都可以把它买过来，因为市值比现金价值都便宜，应该买这个公司。"

熊晓鸽说："市场不是人们所能控制的，真正要学到的一点是你投资要看这些基本面，看这个行业是否在成长，在泡沫破灭的时候尤其应该投，问题是你有没有投；另外，在泡沫破灭的时候有没有胆量投，我后来讲我们做风投是'幸灾乐祸'的事情，泡沫破灭的时候应该是好时机，价格反而更合理。"

可以说，BAT 成就了一批投资机构。与 IDGVC 同时期，依然坚持投资中国市场，并凭借投资百度一战成名的还有当时初来乍到的德丰杰公司。2000 年，德丰杰募集了一支 7 亿美元规模的环球基金，美国以外的项目被加入了新基金的投资范围。德丰杰想在亚洲找一个落脚点，新加坡成为评估后的选择。那时的符绩勋正在新加坡科技局做引导基金，这个在当时中文说得好且又懂投资的新加坡人成为德丰杰的不二之选。

2000 年 3 月，符绩勋加入德丰杰；5 月，他第一次见到了李彦宏；7 月，他决定投资百度；9 月，在与 IDGVC 等机构的联合投资中，德丰杰成为百度的单一最大股东。在百度上市 2 年后退出的德丰杰，回报高达百倍。而在坚守期，德丰杰 2002 年投资的空中网，在 2004 年上市后也为它带来了 30 倍的回报。

在这一时期，收获颇丰的还有一位年轻的女将——霸菱投资的徐新。1999 年，徐新以每股 5 美元、共 500 万美元的价格投资网易。第二年，网易在纳斯达克上市，最高股价高达 30 多美元，一年之间翻了 6 倍还多。同样在 1999 年，徐新成为中华英才网的天使投资人并担任其董事长。此次投资，徐新个人获得了 800 倍以上的收益。

在霸菱投资的 7 年里，徐新成功投资了网易、中华英才网和掌中万维，以 6 800 万美元的资本获得了 2.4 倍的收益，带领霸菱中国长期雄踞年度十大 VC 榜单。

2000 年对于华平来说也是收获的一年。1997 年，华平因为看好亚信由田溯宁等业界精英组成的创业团队，向亚信投资了 1 100 万美元，协助亚信在美国纳斯达克上市，使其成为中国最早在美国股市挂牌的高科技公司之一。这笔投资令华平在中国市场上声名鹊起。

第三节　上市“窗口期”，外资 VC 的“黄金时代”

进入 2003 年后，太平洋两岸的资本市场都开始回暖。

2003 年 5 月，软银亚洲以 4 000 万美元注资盛大，这笔投资成为软银亚洲和阎焱的成名之作。陈天桥说：“这是互联网领域单笔投资数额最大的（2004 年前），同时也是持股比例最少的投资——4 000 万美元仅持股

对于中国互联网电商行业来说，2003 年或许是个重要的年份，马云的淘宝在杭州湖畔花园的别墅里悄无声息地上线；那一年，刘强东的京东受“非典”影响关闭了线下连锁店，开始尝试线上销售。

21.5%。"而这也标志着外资巨头们开始对中国互联网进行新一轮的布局。

对于这笔投资，软银亚洲当时的预期是"7年10倍"的回报。然而2004年5月，盛大成功在美国纳斯达克上市，募资1.52亿美元。又过了8个月，在时任软银赛富基金管理有限公司首席合伙人阎焱的主持下，软银亚洲成功地在盛大公司股价高位退出。媒体报道软银亚洲获得回报高达6.8亿美元，这在当时是对中国公司最为成功的投资之一。软银亚洲一举摘取了"2004年中国最佳创业投资机构"的桂冠，"互联网财阀"软银亚洲借此声名大振。而盛大对于中国互联网发展的意义，正如阎焱所说："盛大在上市之前，全世界尚无一家在线游戏公司上市，它创建了一种全新的商业模式。"

盛大的成功退出更重要的意义在于，它第一次让世界资本市场人士看到，在中国做 VC 可以赚钱，而且可以赚大钱。盛大是中国风险投资历史上的分水岭，自此之后，风险投资在中国进入了蓬勃发展期。

此后，2004年，中国创投业进入了一个全面复苏和加速发展的时期。

这一年，软银再度注资阿里巴巴公司。加上富达（Fidelity）、GGV 纪源资本（Granite Global Ventures）和 TDF 华盈基金，阿里巴巴此轮共获得 8 200 万美元融资，这是当时国内互联网企业获得的最大一笔私募基金。有关马云与他的阿里帝国的传奇由此渐次开启，也让软银成为背后最大的赢家。

软银 2008 年公布的其 2007 年 Q4 和全年财报显示，阿里巴巴在香港上市为其带来的盈利收入达到 5.5 亿美

2016 年 5 月 31 日，软银宣布计划出售约79 亿美元的阿里巴巴股票。软银在声明中表示，此举是为了降低该公司的债务负担。这是软银自 16 年前投资阿里巴巴以来，首次抛售这家中国电商巨头的股票。随后的两天，软银继续抛售阿里巴巴的股票，减持额度从第一天的 79 亿美元上升至第二天的 89 亿美元。到第三天，软银又通过抛售阿里巴巴的股份，套现 100 亿美元。

元，占公司全年净利润的一半，阿里巴巴公司于 2014 年在纽交所的上市则让孙正义成为日本首富。

除了软银之外，在中国获得巨大成功的还有举世闻名的对冲基金老虎基金。这家资产在 18 年内从 800 万美元膨胀到 220 亿美元，又在之后的 2 年时间内萎缩至 60 亿美元的基金公司，在 2003 年回归中国。其回归的迹象之一就是搅局电商行业。2003 年 9 月，老虎基金投资卓越网，成为其第三大股东；次年，以 1 100 万美元注资当当网；此后，京东、阿里巴巴背后的投资方也频频浮现出老虎基金的身影。

而在国内创投界，2003 年，老虎基金最关注的还是携程 IPO 前的最后一轮融资。

1999 年 5 月，在徐家汇教堂附近的简陋办公室里，一家未来将影响创投圈、互联网圈的公司就此成立。四人按各自专长分工：季琦任总裁，梁建章任首席执行官，沈南鹏任首席财务官，范敏任执行副总裁，人称"携程四君子"。

在不到一年的时间内，携程迅速成长并实现了旅行产品的网上一站式服务，同时也揽获了多家风投的青睐。1999 年 10 月，在网站还没有推出的情况下，IDGVC 注资 50 万美元作为种子基金，占股超过 20%。此后每轮融资，IDGVC 都持续跟进。次年 3 月、11 月，软银、凯雷等知名风投成为新的入局者。

对于准备在美国上市的公司来说，能在上市前获得重量级的美国机构的投资尤为关键，而对于携程，这家机构就是老虎基金。2003 年 9 月，老虎基金以 1 000 万美元战略投资携程。在成立仅 4 年后，携程于 2003 年 12 月完成上市，创造了当时互联网行业从创业到上市的一个神话。

而携程的上市对中国互联网以及创投行业更重要的意义在于，它让人们意识到，互联网世界正从 2000 年那场"大地震"中复苏过来，人们移走散落在衣角上的碎石子，拍了拍身上的灰尘，在倒下的断壁残垣中重建家园。

曾有媒体人在携程上市后写过这样一段话："3 年来，互联网的日子的确不是滋味。如今，接续 3 年前的互联网热潮再度在资本市场上掀起，势不可当。"

此后的 2004 年，e 龙、金融界、空中网、前程无忧、盛大网络纷纷赴美上市，中国互联网逐渐恢复了元气，迎来了新的上市"窗口期"。在这些互联网公司背后，都有着早期布局的创投机构。可以说，2004 年让中国的创投者们第一次品尝到了胜利的果实。

另一个值得注意的现象是，在这一波新兴的浪潮中开始显现中国本土投资机构的身影。2002 年 11 月，鼎晖投资联合摩根士丹利、英联投资公司向蒙牛投入约 5 亿元人民币，在短短 3 年内投资回报约 26 亿元港币，投资回报率约为 500%，而这一经典案例也揭开了大额投资并购的序幕。

而除了上市，中国创投也寻找到了新的退出渠道。2003 年 3 月，中华网附属公司香港网宣布以 5 500 万美元收购掌中万维，此前布局的霸菱投资亚洲公司以及新加坡经济发展署投资公司借此获得退出机会，这一案例日后也成为"投资女王"徐新的得意之作。

同样堪称并购经典案例的还有周鸿祎创立的 3721 公司。2003 年 11 月 20 日晚，3721 创始人周鸿祎秘密飞抵香港，下榻位于太古广场的超五星酒店。仅 17 个小时后，雅虎便以现金 1.2 亿美元收购香港 3721 网络软件技术有限公司的股权。

而这场收购的赢家无疑是在后来赫赫有名的周鸿祎。雅虎收购的公司仅向北京 3721 提供技术，而北京 3721 拥有 ICP 牌照，并在股权上保持独立。交易完成后，周鸿祎在双方合并后并未全部卖出自己所持的股份，还将是公司股东和管理层之一，于是他一夜成为互联网新富豪。

除了这两大并购案外，2003 年，TOM 收购雷霆无极，搜狐收购 17173 和焦点网，并购成为中国创投寻找到的新退出渠道。

时任 IDGVC 副总裁的李建光这样总结 2004 年："在这个行业，我们（在中国）经历了 10 年的痛苦，差不多每年年底都是在总结经验教训，而 2004 年，我想大家可以庆祝一下了。"

第四节　本土拓荒者们的坚持

当外资投资人举杯相庆的时候，中国本土投资机构则挣扎在生死边缘。由于没有成熟的退出渠道，资难募、人难求，中国本土投资机构处于无比尴尬的境地。

无限延期的创业板

很多创投机构的诞生都是由于"看到了"未来美好的 IPO 情景，然而没有人知道看到这个情景要花费 10 年的等待。

对于深圳的本土创投们而言，创业板的延期推出让他们损失惨重。根据深圳市创业投资同业公会统计，截至 2001 年底，深圳有专业性创业投资及相关机构 124 家，其中创投公司有 70 ～ 80 家。这是创投企业第一轮高潮最后的辉煌。

当时业内预测，创业板市场无论是上市公司数量还是累计融资额，均不会低于主板市场，并将成为创业投资撤出的"黄金通道"。最乐观的预计是，在 2005 年，创投公司创业资本总额要达到 500 亿元。

然而，天有不测风云。2001 年初，纳斯达克神话破灭，香港创业板也从 1 200 点跌到最低的 100 多点，且国内股市的上市公司也问题频传。2001 年 11 月，高层认为股市尚未成熟，需先整顿主板，故创业板计划被搁置。

第二年，中国创投业全面衰退，全国创投案例从 2000 年的 434 起下降至 2002 年的 226 起。创投企业有一个特点，其投资周期必须控制在 3 ~ 5 年，如果没有退出或者将股权变现，生存必难以为继。

2002 年，相关领导提出"小三步走"的建议：第一步是把发审委已经通过的小盘股集中起来开辟一个中小企业板块，由于不降低上市条件，各方面比较容易接受，且这部分企业的数量也不太多，上市对市场的冲击不会太大；第二步是适当降低条件，逐步扩大这个板块；第三步是在条件成熟时建立一个完整的、独立的创业板，以中小板作为创业板的过渡。

2002 年 8 月，《中小企业促进法》出台后，深交所在国内学术界、企业界对创业板纷争不已的情况下果断调整思路，选择了第三条路，将自己定位于为中小企业服务。但是，中小板的推出也需要时间。

本土创投机构的坚持

行业洗牌已经开始，在政策上的退出通道打通前，创投企业唯一能做的事情就是炒股。但是，2001—2005 年股市也没有像样的行情，因此，许多创投企业倒闭。到了 2006 年，在深圳有经营活动的创投机构只剩下 27 家，管理资本总额只有 111 亿元。

与之相随的是被投企业的衰亡。在 2000 年第二届高交会签约以及后续签约的 233 个项目中，最后仅三四家存活下来。

创业板希望破灭，让深圳的本土创投们一夜回到"解放前"。现在回想起来，达晨董事长刘昼也承认，那时候国内开创业板确实不太成熟，因为"没有那么多的好企业，准备不太充分，项目资源质量、企业的诚信问题，投资者对风险的认识都有待提高"，当时如果开启创业板，对小股民的伤害应该很大。

不过，身处黑暗之中的刘昼并没有闲着，依然给自己留了点希望。就在网络股泡沫彻底破灭前的 2001 年，他主导达晨完成了三笔投资：960 万元参股同洲电子，1 480 万元参股拓维信息，173 万元跟投西风网络。同洲电子与拓维信息后来成为达晨的代表项目。

在 2001 年的三个项目投资完成后，达晨开始进入了一个漫长的停滞期。

"刚开始，我们有五六个投资经理。不过到 2005 年，严格来讲，我们只有一个投资经理，就是肖冰带着的梁国智（现为达晨财智合伙人、副总裁）。另外还有一个刚刚从做二级市场投资转过来的傅哲宽，当时他对创业投资还不熟。"

傅哲宽 2013 年离开达晨创投，创立了启赋资本。

现在回想起往事，刘昼并没有责怪那些离他而去的人。他觉得，在当时那种背景下，工资发得很少，项目经理没有项目可做，大家看不到这个行业的未来，离开也是情有可原。

实际上，在达晨最困难的时候，中国本土创投们的处境普遍都很艰难。

1999 年，阚治东被任命为深创投总裁。在阚治东任职期间，深创投也受到了创业板延期开办的影响。面对现实，深创投的创投业务趋于保守，基本投资规模都在 1 000 万元以下，退出渠道也基本被关闭，资金大量闲置。阚治东为了解决这一问题，将部分资金投向了自己熟悉的证券市场，委托证券公司进行操作。由此，深创投在 2000 年仍获取了超过 9 000 万元的净利润，其绝大部分皆来源于委托理财的投资收益。但这一操作模式被外界广泛质疑。

其后，这种操作模式的弊端逐渐显现出来。随着证券市场的持续低迷，大量券商陷入经营困境，深创投的委托理财资金也面临着无法收回的巨大风险。

繁华落尽，洗尽铅华后的本土创投不知道明天将会去往何处，但能够在黑暗中坚持前行的守候者们即将迎来曙光。

虽然赶上了寒冬期，但是阚治东的成就依然显赫，在其任职期间投资的 34 家企业先后在国内外证券市场上市。

寒冬中的勇者

在资本寒冬中依然有新进入者。当时已经创立 17 年、上市 7 年的电脑产品生产商和销售商联想加入了投资者阵营。

2001 年，联想创始人柳传志决定组建一支投资队伍。当年 4 月，他交给朱立南 3 500 万美元，成立了联想投资，联想控股也成了联想投资第一期美元基金的唯一 LP（有限合伙人）。朱立南在联想内部选了一支 20 余人的团队，由此有了联想投资最初的创业团队。

彼时联想内部有一种说法：柳传志托付给朱立南 3 500 万美元，几乎是联想前 10 年 PC 业务积累下来的全部利润，那么朱立南的压力可想而知。

当时的创投机构尚屈指可数，能为联想投资提供的借鉴经验都十分有限。于是，朱立南带着团队开始四处取经。硅谷及我国台湾地区一流的创投机构，他们几乎都拜访过。

两轮学习之后，二十几个实业出身的人，开始跨界到投资圈了。但事实上，在很长的一段时间里，他们都无法全身心地融入投资人的身份。

2003 年，联想投资的一个企业管理软件项目清算退出，这是它第一个宣告失败的案例，合伙人王建庆写了 30 多页的复盘报告。虽然都知道创业公司成功的概率只有 10%，但是接受失败却是一个艰难的历程。

联想投资的早期投资，主要集中在硬件制造、软件开发与外包等与联想产业链相关的大 IT 概念里。一方面，联想投资可以依托既有资源，为被投企业带来客户或价值增值；另一方面，这也是初涉投资的稳妥之计。

联想投资经历了国内创投圈的萌芽与跌宕起伏，其最为业界称道的投资业绩，除了早期投资的科大讯飞、文思创新等 IT 企业，还有一大批汽车、文化娱乐与医疗等领域的项目。适应了实业者与投资人角色间的切换后，在朱立南和总裁陈浩的带领下，联想投资开始渐入佳境。同时，作为一家地地道道的本土投资机构，它见证了中国创投界的 20 年发展历程，并成为投资行业内最重要的 VC 之一。

从最熟悉的 IT 领域出发，后来为联想集团提供咨询服务，并涉足消费、服务等非 IT 领域，君联资本逐步建立了自己的投资链。

> 2012 年 2 月，联想投资更名为君联资本，寓意"与君同道，联想未来"（后文统称为"君联资本"）。

实际上，联想对于投资领域的布局不仅仅局限在 VC。2003 年，赵令欢从投资银行空降至联想控股，并创办了弘毅投资，主做 PE 业务，专注并购。

赵令欢有着一张国字大脸，宽口阔鼻，在美国闯荡多年并创过业的他深谙美国资本市场的规律，在经过联想求实文化的熏陶之后，弘毅投资一头扎进了国企改制之中，成功地运作了中国玻璃、中联重科、石药集团等重组项目。

弘毅投资最早的两期美元基金规模很小，分别只有 2 900 万美元和 8 700

万美元，基本全部来自联想控股的投入。之后弘毅投资的基金募集规模逐次提高，除了联想控股的出资外，美元基金的 LP 还包括高盛、淡马锡、斯坦福大学基金、加拿大养老基金等境外资本，人民币基金的出资人还包括全国社保基金、中国人寿等。

弘毅投资成立之后的第一个项目，就是 2004 年 1 月对中国玻璃的投资。中国玻璃的前身为位于江苏省宿迁市的江苏玻璃集团（下称"苏玻集团"）及下属核心企业江苏苏华达新材料股份有限公司（下称"苏华达"）。

弘毅投资的目标是将苏玻集团全部收购，并将其下属核心资产苏华达搬到境外，完成上市。

整个运作以曲线的方式完成：先是全资收购了苏玻集团的控股股东宿迁国资，完成了对苏玻集团的控股；之后又通过宿迁国资受让了苏玻集团其他股东的持股，使得苏玻集团成为宿迁国资的全资子公司；接着再通过苏玻集团受让了苏华达的少数股东的持股，使得苏华达成为苏玻集团的全资子公司。

这一系列的股权收购看似眼花缭乱，各个层面的股权收购支出也不少，但弘毅投资真正掏出的现金仅仅是收购顶层的宿迁国资所支付的 650 万元，其余下面各层级的股权收购皆由宿迁国资及苏玻集团体系内的资金完成。

完成境内的股权整合之后，弘毅投资在百慕大设立了离岸控股平台——中国玻璃，并将苏华达收入囊中。在离岸控股平台，原苏玻集团的管理层获得了 16.59% 的股权，弘毅投资控制了其剩余 83.41% 的股权。

2005 年 6 月 23 日，中国玻璃于港交所完成 IPO。中国玻璃上市之后，弘毅投资持有其 2.252 亿股股票，占总股本的 62.56%。

根据港交所的权益披露数据，弘毅投资于 2007 年对中国玻璃进行了两笔套现，减持股票总数为 8 874.4 万股，价格皆为 2.289 元港币 / 股，套现总额 2.03 亿元港币。此后弘毅投资未再套现中国玻璃，经过 2011 年的股份分拆，该支股票按照 2015 年 6 月 18 日的收盘价 1.81 元港币 / 股计算，弘毅投资的持股市值为 4.94 亿元港币。

套现额与持股市值二者合计的账面回报为 6.97 亿元港币，相较于 650 万元人民币（按当时汇率折合 610 万元港币）的初始投资额，弘毅投资的回报高达 114 倍。

随即，2005 年的中联重科是弘毅投资完成的第二单国企改制项目，同样用曲线方式完成，获得了高达 22.5 倍的回报；2007 年对石药集团的投资，净赚超过 320 亿元港币，回报为 58.8 倍。加上之前的中国玻璃，这三个项目是弘毅投资的标志性案例。

Chapter 3

第三章

神奇的"2005 年"（2004—2007 年）

2004—2005 年，在中国的创业投资历史上是个奇妙的年份。2004 年可谓是酝酿年，2005 年可谓是爆发年。

对于本土创投机构来说，2004 年，中小板开启；2005 年，中国证券市场迎来了"股改全流通"，守候多时的本土创投们看到了曙光。

同期，20 多位美国顶级 VC 合伙人到中国考察之后，一个宏大的连接中美资本市场的计划正在悄然进行。

第一节　股改全流通，本土创投的曙光

2004 年 5 月，经国务院批准，中国证监会批复同意深圳证券交易所在主板市场内设立中小企业板块。

2005 年 4 月 29 日，中国证监会发布《关于上市公司股权分置改革试点有关问题的通知》，宣布启动股权分置改革试点。这就是载入中国资本市场历史的"股改全流通"。

2001 年便进入寒冬的本土创投，在漫长踽踽独行的黑夜里终见曙光。

达晨董事长刘昼曾回忆那段本土创投举步维艰的岁月："2005 年之前，本土创投面临着两难的问题——募资到不了位，投资无法退出，于是很多人便对这个行业产生了困惑和质疑。"

历史的积瘤

我国的证券市场在设立之初，对国有股流通问题总体上采取了搁置的办法，因此在事实上形成了股权分置的格局。一般国有企业的控股股东是国家或各级国有资产管理部门，即所谓的国有股和法人股。但国有股和法人股不能像普通股一样上市流通，由此三者就形成了"同股不同权，同股不同利"的局面，本该利于资本市场长久发展的上市公司成为利益的冲突体，这也损害了资本市场的定价功能。

曾经有人算过这样一笔账。如果一个公司有 7 000 万元资产，公司非流通股就划分为 7 000 万元股，每股 1 元，那么公司的总资产就是 7 000 万元。如果公司以 5 元的价格发行 3 000 万元流通股，募资 1.5 亿元用于生产，那

么公司的资产规模就是 2.2 亿元，总股本是 1 亿股，其中 3 000 万是流通股，剩余的是非流通股，为国家持有。那么，如果今年公司实现盈利 1 亿元，要将这 1 亿元分给股东，每股可分得 1 元，国家成本是 1 元 / 股，分红是 1 元，收益是 100%，而普通股民的成本是 5 元 / 股，分红同样是 1 元，收益是 20%。

从 1998 年开始，为了满足推进国有企业改革发展的资金需求和完善社会保障机制，国家开始进行国有股减持的探索性尝试，但具体效果与市场预期的差距让这些试点与尝试屡屡被叫停。截至 2004 年底，中国上市公司总股本中非流通股份 4 433.19 亿股，占上市公司总股本的 63.78%，国有股份在非流通股份中占 77.86%。而对于本土创投而言，大量存在的非流通股让退出变得异常艰难。

被救赎的本土创投

这种退出无门的无奈一直延续到 2005 年。

早在 2004 年伊始，国务院就颁布了《国务院关于推进资本市场改革开放和稳定发展的若干意见》，确定了解决股权分置问题的目标和原则，标志着改革进入崭新阶段。但"非改不可"和"可改可不改"的争论依旧处于僵持中。

2005 年初，A 股市场一片低迷，上证指数两度跌破 1 200 点，创 68 个月的新低，100 多支股票跌破净资产，1 000 余家股票市净率不足 2.5 倍。但此后政策利好也频频发出，包括削减股票交易的印花税、发布保险公司股票交易指导方针和允许商业银行设立基金管理公司等。然而，这些无论对于普通股民还是本土创投都未能起到实质性的影响，中国股市依旧处于阴风晦雨之中，本土创投也依旧无路退出。

　　经过几个月的僵持，2005 年 4 月 29 日，中国证监会正式发布《关于上市公司股权分置改革试点有关问题的通知》，宣布启动股权分置改革试点工作。施行之时，依旧有反对之声，甚至有人危言"中国股市将会崩盘"，但时任中国证监会主席的尚福林果断喊出了"开弓没有回头箭"，为股改"一锤定音"。

　　然而，在股改进行的过程中，股市也不断发出失望信号，甚至逼近千点。在千点即将再次告破之际，管理层发布决定，"在股权分置改革实施新老划断前暂停新股发行""允许基金公司用股票质押融资""加大社保基金和国有保险公司入市力度"等利好政策，此后大盘一路上扬。截至当年 12 月 29 日，完成股改和进入股改程序的上市公司总数达到 403 家，占沪深两市 1 358 家上市公司（不含纯 B 股公司）的 29.68%，市值达到 10 738.51 亿元，占 A 股总市值的 34.07%。

　　事实证明，2005 年的这次股改并未再蹈此前三次试错的覆辙。这项被载入史册的改革终结了制约中国股市的流通股和法人股分裂的历史制度，造就了 2005—2008 年一波长达 4 年的牛市。

　　而股改的成功更是对本土创投的救赎。随着后来牵引出的新股发行的全流通，本土创投此前投资的项目终于可以开始在二级市场退出。虽然由于股权分置改革，IPO 暂停了一年，成为 A 股历史上新股发行暂停时间最长的一次，但与此前本土创投在一片萧索中画饼充饥不同的是，他们开始积极推动积压多年的项目的上市退出。

中国风投首个成功案例

2000 年，创业板将不日开板的消息在创投圈里被炒得甚是火热，深圳市政府更是推荐了 23 家企业上创业板，创投们拼命争抢这些即将进入资本市场的企业，同洲电子就是其中之一。2001 年，达晨、深创投、深港产学研、高新投曾分别向同洲电子投资 960 万元、768 万元、480 万元、192 万元，持股比例分别为 10%、8%、5%、2%。然而，他们却并未等来想要的答案，几度传言要开的创业板始终不曾露面，同洲电子的上市计划也不得不被一再搁置。

时任达晨主管副总裁的陈立北彼时正负责同洲电子这个项目。2003 年 6 月 1 日，他带着达晨创投一个有证券背景的投资经理入驻同洲电子，开始帮助其完成上市之路。同年 11 月，同洲电子完成所有上市资料并上报证监会，陈立北以同洲电子高管身份带队赴京。而直到次年 7 月，同洲电子才正式过会。2004 年 5 月 27 日，作为创业板的过渡的中小板正式开板。但中国股市正处于低迷期，股改全流通还未真正发挥作用，同洲电子的上市路也因此屡屡受阻，直到两年后才成行。

2006 年 6 月 27 日，无论对于同洲电子、达晨创投、深创投，还是本土创投，都是有着重大意义的一天。2006 年，A 股 IPO 重启，同洲电子作为第一批全流通发行上市的公司在深交所中小板挂牌上市。其 IPO 发行价为 16 元，上市首日最高达 44 元，收盘价为 35.63 元。达晨创投作为早期投资方，在此投资项目上赚了 40 倍。2007 年所持股份解禁后，深创投第一次部分减持就套现 6 000 多万元。全部退出后，深创投获利近 32 倍。这也是深创投第一个完成了全过程的投资案例。

这个在股改全流通后上市的案例，也标志着中国本土创业投资在国内资本市场迎来首个真正意义上的成功退出。在日后的回忆中，达晨创投董事长刘昼和深创投前董事长靳海涛都将同洲电子比喻为本土创投的划时代节点。

无疑，达晨创投和深创投是股改全流通最大的受益者。伴随着同洲电子的上市，这两家老牌本土创投重新焕发了活力。

2005年前，深创投曾投资了60多家公司。而随着中小板开板，股改全流通的施行以及IPO的重启，这些公司开始迎来集体退出期。此后，深创投参与投资的橡果国际、怡亚通、远望谷、西部材料、易居中国、东方纪元、慧视通讯等多家公司纷纷在全球各地的资本市场挂牌，深创投从中皆获得了数倍乃至数十倍的投资回报，也迎来了靳海涛掌舵时代的黄金期。后来，靳海涛回忆说："真正到了2006年，我们才开始进入正常的状态，长舒了一口气，欢欣鼓舞起来。"

刚刚萌芽便进入寒冬的本土创投终于得到救赎。那一年，创投圈一派欣欣向荣。

第二节　美国顶级VC组团入华

互联网泡沫破灭之后，美国的创业投资者们经历了一段短暂的阵痛，不过2004年这一状况发生了改变。2004年8月19日，一宗IPO结束了美国互联网的低迷时代。这一天，搜索引擎公司Google的上市为投资者们带来了史无前例的高达1 500倍的回报。一时间，Google的投资者美国红杉资本、KPCB成为硅谷投资界最耀眼的明星。美国投资者重燃对私募股权投资的兴趣。

这股风潮延续到 2005 年，私募股权投资的金额几乎要超越 2000 年网络泡沫之前创下的历史纪录，成为富有人群的理财新宠。嗅觉敏锐的投资人自然不会错失这样一个好机会。投资需求的激增使得他们急需寻找一些新的成长点，此时中国的互联网公司适时地出现在了他们眼前。

2004 年夏天，一封赴华考察征集函在硅谷和华尔街传阅，硅谷银行正在组织一个为期 6 天的北京和上海之旅。出乎意料的是，这次邀请吸引了诸多顶级 VC 们的关注，报名人数不断超标。负责接待的戈壁创投创始人曹嘉泰回忆说："考察团真的很豪华，包括红杉资本、KPCB、Accel Partners、NEA 等世界顶尖投资机构的投资人都在里面。最初，我们拟定了一个 10 人的名单，后来加到 20 人，最终来了 24 人。因为头等舱有限，这些大佬们都只能挤在公务舱里。"

2002 年中华创业投资协会（CVCA）成立的那年秋天，孙强和熊晓鸽安排美国创业投资协会（NVCA）组团来与 CVCA 交流，KPCB 的执行合伙人约翰·多尔（John Doerr）、DCM 创始人迪克森·多尔（Dixon Doll）等都有参加。"主要还是因为当时融资比较难，组织这次活动其实是为了帮助融资。"时任华平投资中国区负责人的孙强回忆道。

没有人会想到这次考察对于后来的中国创业投资行业会带来什么影响。美国的创业投资者们只是去了当时刚刚起步的中关村，还去长城逛了逛，"创业"这个词似乎在中国还比较陌生。考察结束后，红杉资本的唐·瓦伦丁曾开玩笑地说："红杉到东边投资，最远只会到伯克利（仅在红杉办公室所在地沙丘路以东 20 千米左右，半小时的车程）。"在另外一个场合，唐·瓦伦丁表示，中国市场的法律、财务环境不完善，银行、股票市场都不尽如人意，其与华尔街完全不同。这次中国之行只会让他决定更加远离对中国市场的投资。

没想到，众人信服的投资大佬其实也是狡猾的，或者用一个文雅的词叫"兵不厌诈"。事实证明，在是否进入中国的问题上，红杉资本并不如他们所

48

公开说的那样。转年红杉资本就请到了携程创始人沈南鹏和全球创业投资基金亚太区的两位主管之一的张帆，组建了中国投资团队。红杉资本是那波考察团中第一批在中国设立基金的投资机构。在后来的报道中，红杉资本这样解释当时的情况：考察中国市场之行后，考虑过收购、合资、合作等多种方式，但迟迟未做推进，主要原因就是不愿为利益牺牲价值观。而最终选择沈南鹏、张帆这对组合，也不只是因为他们有过多么辉煌的投资履历，还因为双方能在一些核心价值观上一拍即合。

2006 年 8 月 3 日，美国早期知名的创业投资商 DCM 在北京宣布，公司新一轮募集的 5 亿美元准备全部投向中国。原新浪共同创始人和首席运营官林欣禾出任 DCM 中国合伙人。

作为同属美国前三位的 VC 机构，KPCB 进入中国比红杉资本明显晚了很多。2007 年，KPCB 决定与已经进入中国市场多年的华盈基金（TDF Capital）合作，成立自己的中国基金——凯鹏华盈中国（KPCB China）。根据 KPCB 的官方说法，这是 KPCB 首个海外基金，为此他们已经酝酿了 3 年。凯鹏华盈中国的核心团队由来自华盈基金的汝林琪、徐传陞、钟晓林，加上刚从赛富离开的周志雄共 4 名合伙人组成。

或许是因为 2005 年百度、分众传媒、尚德电力等中国公司先后在纳斯达克上市促动了美国投资者们进入中国市场的决定。"那个时候，美国投资者似乎很愿意听中国故事，比如中国的'Google'、中国的'雅虎'、中国的'亚马逊'等，这样的故事也帮助许多中国早期的互联网创业者拿到了钱。"一位参与过当时路演的互联网企业创始人回忆道。

在这次访问中国的考察团中，还出现了几个中国人的身影。他们大多在硅谷或者华尔街打拼多年，已经适应了美国市场的竞争，对中国市场的了解几乎为零。

邓锋就是其中一员。他于 1990 年赴美留学，后来一直留在美国。2004年，邓锋创立的 NetScreen 被瞻博网络公司（Juniper Networks）以 40 亿美元并购后，这位昔日清华"学霸"可以"悠闲"地选择他未来的人生：成为一名科学家，去一家硅谷公司做一名职业经理人，或者是到那个看似距离有些远的资本圈里找寻新鲜的东西。

机缘巧合的是，2004 年那次考察团中正好有此前投资过邓锋的投资人，他们邀请邓锋一起到中国看一看，邓锋受邀参加，命运也因此发生改变。

在他看来，那次考察确实没有看到什么和创业投资直接相关的东西，但是考察团的每一个人都对中国巨大的市场产生了兴趣。拥有美国创业公司经验，深谙资本市场运作方法，又有中国背景，邓锋无疑成为美国风投眼中的香饽饽。

和邓锋一起回国的还有蒋晓冬与朱敏、朱磊父子。"朱磊找到我说，不如一起做基金，我就被他'忽悠'创业了。不过，他没和我一起做，他做了赛伯乐，我做了北极光，算是都在中国扎了根。"邓锋回忆说。

NEA 是美国最大的创业投资公司，管理着超过 100 亿美元的资本。NEA于 1978 年成立后，先后投资了超过 500 家企业。朱敏在 2004 年 3 月加入NEA。在 NEA 期间，他帮助公司成功投资了中芯国际、展讯科技、红孩子等一批自主创新型企业，奠定了 NEA 在中国投资的良好基础。2005 年 8 月，朱敏辞去了首席技术官一职，决定回国创业；2006 年，由 NEA 和朱敏合资，赛伯乐（中国）创业投资管理有限公司成立，英文名为 Cybernaut。同一年，朱敏的儿子朱磊从斯坦福毕业后回国加入赛伯乐，负责管理中国业务。

几乎在朱敏离开 NEA 的同时，蒋晓冬加入了 NEA。2005 年 12 月，后者设立了 NEA（北京）公司并在北京上海两地开设办事处，主要管理及支持公司所有与中国市场相关的业务。这之后，北极光、赛伯乐、NEA 之间出现了多次合投案例，"抱团取暖"成为当时一批进军中国的外国 VC 的写照。

2005 年是中国 VC 发展史上的第二个黄金时间。除了 2004 年那次载入史册的考察带回来的一批新生投资机构，2005 年，赛富独立，也成为中国 VC 发展史上的一个标志性事件，从此中国 VC 行业第一次裂变的大幕正式拉开。

2001 年成立的软银亚洲，第一期基金规模是 4 亿美元，共投资了 30 多个项目。这 30 多个项目基本都是阎焱操盘投资的。其中盛大网络的投资取得了惊人的成功：投入 4 000 万美元，不到 2 年的时间便获得 6.8 亿美元回报，回报总额比软银亚洲一期基金的总额还多 2.8 亿美元。

2004 年初，孙正义从银行贷款 290 亿美元收购日本电信。当时银行提出的条件是软银必须从所有投资中退出。2004 年 11 月，孙正义和阎焱就赛富基金的独立问题在日本东京进行会谈，结果是双方友好分手，软银还决定在阎焱后来新独立的基金——软银亚洲投资基金二期里投资 5 000 万美元。2015 年初，阎焱获得了原软银亚洲的唯一 LP 思科集团的支持，在国际资本市场一共募资 6.4 亿美元，创立了第二支基金——软银亚洲投资基金二期。同时，软银亚洲也更名为软银赛富。这就是中国创投史上著名的赛富独立事件。后来，阎焱将在国际资本市场成功的募资经验分享给了老朋友 IDGVC 的熊晓鸽、周全，以行动告诉他们，凭借我们自己的力量也可以募到资。

"独立是每一个基金投资管理人的梦想。"事后阎焱曾说，"能否融到资是一个非常关键的问题。你融不到钱，就只好跟着别人玩，取得独立的唯一途径就是这个团队能够单独融到资。"

在盛产 VC 机构的 2005 年，离职创业的还有后来的"投资女王"徐新。
2005 年，徐新离开霸菱投资，创办今日资本集团。日后声名鹊起的高瓴资本
也同样诞生在 2005 年。

事实上，当时的中国互联网商业模式确实与美国差距较大，但投资人看
到的永远是十年甚至更久之后的机会。大部分美国创业投资人都承认，中国
消费者的潜在需求很大，即使是一个微小的改变，也可能创造巨大的公司，
这一点在十年后得到了印证。

第三节　沈南鹏与红杉中国的崛起

在中国风投历史上，沈南鹏是一位举足轻重的人物。他几乎主导了整个
中国互联网时代的经典投资案例，多家独角兽公司背后都不乏他的身影。

1999 年，沈南鹏离开了德意志银行。"很难说清楚为什么，当时的确犹
豫过，毕竟已经做了 8 年投行，离开的成本很大，但还是怀着一股激情出来
创业了。现在想来，互联网的泡沫也不全是坏事，在那个挺'忽悠'的年代
里，'泡沫'刺激了我们的创业神经。"他说。

沈南鹏相信自己的创业源于一个偶然，更源于一种潮流。他意识到，如
果没有互联网的依托，他很难下定决心创业，但是有了互联网，有了可以看
到无限可能性的未来，他最终告别了优渥的薪水、令人羡慕的职位，点燃了
自己的梦想。

他拉来了一个叫梁建章的人一起创业。有一篇文章描述说："当 15 岁的
沈南鹏和 14 岁的梁建章第一次相识时，这两个懵懂少年不会意识到 17 年后
他俩会联手创造一个中国互联网产业的奇迹。"

1999 年，沈南鹏 32 岁，梁建章 31 岁。他们拥有差不多的履历。他们曾在 1982 年第一届全国中学生计算机竞赛上同时获奖，后来都在上海读了大学，1989 年同时去了美国，毕业后一个在花旗银行，一个进了甲骨文公司。

1999 年的某天，他们偶然在上海相遇。沈南鹏后来描述道："那时在上海，一顿非常普通的午餐，我和建章、季崎三个人聊天。当时恰逢互联网第一波浪潮，我们自然就谈到了能否在互联网上做些文章。大家谈到了新浪、网易、搜狐，想着还有什么产业能和互联网结合擦出火花，建章首先提出了改造传统旅游产业的想法。就这样，携程网随后诞生了。当我们发现彼此的理念竟有着惊人相似的时候，那瞬间思维上的化学反应无法形容。"

他们"化学反应"出的公司叫携程网，如今已经变成了一个被无限叙述的"神话"。这家创办于 1999 年的互联网公司，2003 年 12 月 9 日在纳斯达克上市，代码为"NASDAQ：CTRP"，初始发行价 18 美元，开盘价 24.01 美元，当日收盘价 33.94 美元。沈南鹏这些人一下子像那款金钱游戏一样，变成了"大富翁"。

沈南鹏说："我们做携程那一段时间正好是中国旅游业发展特别迅速的时间，而且当时做个人旅游服务存在巨大的真空。当时国家旅游局（现为文化和旅游部）管旅行社、景点、酒店，没人做个人的商务旅行服务。在那个时间，在那个节点上，我们一批人用了一种技术——互联网呼叫中心来解决这样的问题。我们当时都没想到这个公司能够做这么大。所以当携程市值最后变成 40 多亿美元时，说实话我们都没想到。这个成功来得很快，当然这里边也有我们的付出。但很大程度上我认为，在大潮当中，我们是被推着往前走的。"

携程网的故事事实上是一个潮流的故事，它虽然出类拔萃，却并非独一无二。不少媒体都认为，"沈梁配"在携程网的成功是风云际会的产物。几个生于大时代的年轻人，凭借自己的热情、执着、远见以及对中国的信心，最终创造了一个奇迹。

据一些媒体描述，携程融资过程中有个插曲——直到敲定投资前一周，其中一家创投基金的负责人还没有仔细阅读携程的商业计划书。当沈南鹏向他征询结果时，他要走了携程从5月到9月的财务报表。第二天早上，携程收到了这位投资人追加投资的决定。"所以，漂亮的计划书没有用，关键是把计划书变成赚来的钱。"沈南鹏说。在创办携程网的同时，这4个年轻人又创办了如家快捷连锁酒店。他们创办如家的原因很简单，因为有携程的顾客在订旅馆的时候提出有没有既干净、舒适又价廉的酒店。沈南鹏发现这样的酒店很难找到。"高档酒店往往价格昂贵，而便宜的招待所却无法保证卫生和舒适。"

他们了解了美国的经济型酒店现状，通过美国酒店业协会的统计发现，美国经济型酒店约有6万家，数量上占到酒店总数的88%，但在中国，这一类酒店却寥若晨星。

沈南鹏说："以前酒店业的问题是，对所有的人都是同一种产品。如家的对象是中低端的商业人士，这一类人最关心的是价格以及有限的舒适，于是传统酒店中的很多设施在如家都被取消了。如家的酒店没有豪华的大堂，没有浴缸，但是加强了中低端商务人士注重的卫生、实惠的特点，价格一般在120元到298元不等。"然而到了今天，"如家"正在成为一种生活方式的代名词，很多中高端的商业人士也开始选择如家，因为如家所拥有的意识形态、所传递的价值与他们的生活契合了起来。

一开始，创业投资机构并不看好如家，因为它不是一家互联网公司，不代表高科技，而代表"传统"。可是如家代表了潮流，它从 2001 年底开始创立，只用了 5 年时间就超越了历史更长的锦江之星连锁酒店，成为同类市场的第一名。

北京时间 2006 年 10 月 26 日 21:30，如家快捷酒店正式在美国纳斯达克证券交易所挂牌上市，代码为"NASDAQ:HMIN"，开盘价 22 美元，高出发行价 59.4%，融资金额达 1.09 亿美元。

这是沈南鹏等人继携程之后，3 年内第二次带领公司登陆纳斯达克，又一个财富神话被他们复制了出来。

2005 年夏天的时候，沈南鹏决定告别创业家的角色。当年 9 月，沈南鹏正式创立红杉资本中国基金，并出任创始及执行合伙人，开始专注于中国市场的投资机会。

在加入红杉资本之前，沈南鹏曾以个人身份投资了包括分众传媒、易居中国在内的很多公司。红杉资本给予沈南鹏的，除了更大的舞台，还有一个组织、一种基因。

红杉资本自 1972 年在美国成立以来，作为第一家机构投资人投资了众多创新公司，包括苹果、思科、甲骨文、雅虎、Google 等产业潮流的领导者。曾经，红杉资本投资的公司占有纳斯达克股票市场 20% 以上的市值。

"红杉有理由自豪，它帮助创造了很多'帝国'。"沈南鹏说。他相信红杉资本"一定有一些特殊的成功基因"，他决定去寻找这些基因，并且在中国进行"改良"实验。

"我们还和唐·瓦伦丁、迈克尔·莫里茨、道格·莱昂内等红杉资本创始人及合伙人经常保持各种形式的交流和沟通。"他说。

最初，沈南鹏领导的团队只管理着一支 2 亿美元的红杉中国创业基金 I。

2007 年 5 月，他们又成功募集 2.5 亿美元的红杉中国创业基金 II 和 5 亿美元的红杉中国成长基金 I，将业务从 VC 扩张到了 PE。2018 年，红杉中国种子基金正式登场，其业务开始向更深处走去。2023 年 6 月，红杉资本宣布将把红杉美欧、中国、印度 / 东南亚三地的本土基金彻底分拆，其中红杉中国将继续使用"红杉"的中文品牌名并采用"HongShan"作为英文品牌名，开启新征程。

第四章

全民 PE（2008—2009 年）

2008 年，在国际金融风暴来袭、境外资本市场新股发行持续萎缩的大背景下，IPO 退出变得越发艰难，外资投资机构陷入募资、退出两难的窘境。

当外资机构艰难踯躅的时候，2009 年 10 月 30 日，创业板开市钟声敲响，苦熬 10 年的本土投资机构终于迎来了梦寐以求的退出通道，当日创业板的首批 28 家公司集体上市标志着中国资本市场迎来了一个崭新的时代。

第一节　金融危机与奥运会，创投洗牌季

2008 年，一边是圆满落幕的北京奥运会，一边是席卷全球的金融危机。当年，全球股市暴跌，部分股市创下历史最大年跌幅，市值大幅缩水，也让一度处于上升阶段的创投产业遭遇重创。股市的持续低迷使资本市场的融资功能大减，新股发行频率不断降低，直至停滞。

2009 年之后，我国本土基金的规模大幅增长，投资数量远远超过美元基金，本土创投机构开始崛起，并积蓄力量与美元基金分庭抗礼。

席卷全球的金融海啸

2007 年 2 月 13 日，美国新世纪金融公司（New Century Finance）发出 2006 年第四季度盈利预警。汇丰控股为在美的次级房贷业务增加了 18 亿美元的坏账准备。不久，面对来自华尔街 174 亿美元的债务，作为美国第二大次级抵押贷款公司的新世纪金融公司在 4 月 2 日宣布申请破产保护，并裁减 54% 的员工。

同年 8 月 6 日，美国第十大抵押贷款机构——美国住房抵押贷款投资公司正式向法院申请破产保护，成为继新世纪金融公司之后美国又一家申请破产的大型抵押贷款机构；8 月 8 日，因次贷风暴，美国第五大投行贝尔斯登宣布旗下两支基金倒闭；8 月 9 日，法国第一大银行巴黎银行宣布冻结旗下三支基金，此举导致欧洲股市重挫；8 月 13 日，日本第二大银行瑞穗银行的母公司瑞穗集团宣布与美国次贷业务相关的损失为 6 亿日元——日、韩银行也因美国次级房贷风暴产生了巨大损失。

......

随后接踵而来的是 2008 年 9 月雷曼兄弟控股公司破产、美洲银行收购美林集团、AIG 集团陷入危机，旷日持久的美国次贷危机转化为严峻的世纪性金融危机。

2008 年金融危机大致可以划分成三个阶段：一是债务危机，借了住房贷款的人不能按时还本付息；第二个阶段是流动性的危机，金融机构缺乏足够的流动性，以至于无法应对债权人变现的要求；第三个阶段是信用危机。

2007 年下半年以后，货币市场流动性急剧短缺，大量高杠杆的金融衍生品违约导致大批过去声名显赫的金融机构轰然倒塌，金融危机向实体经济进一步蔓延，全球经济增长乏力。

互联网创业深受波及

让我们将目光放回中国。2008 年，中国经济可谓是内忧外患。在海外金融风暴、国际油价冲高回落的背景下，中国还经历了雪灾、地震、流动性过剩、物价高涨、房地产投资萎缩、出口下降等困难。

恐惧的情绪在整个创投界蔓延。2007 年从今日资本拿到 3 000 万融资的刘强东，这个时候钱已经花得差不多了，再不融资就有"死亡"的危险，但是刘强东发现市场已快速地冷掉了。几个与京东已洽谈成功的投资人在听说美国雷曼兄弟破产后，转眼间都避得远远的。京东的估值跳水式下跌，和投资人谈融资，价格从 2 亿美元降到 1.5 亿美元、1.2 亿美元、1 亿美元、8 000 万美元、6 500 万美元、4 500 万美元……最后降到 3 000 万美元。

如今的 58 赶集集团 CEO 姚劲波回忆 2008 年时庆幸地说，幸亏当年拿到了软银 1 000 万美元的融资，不然当年也危险了。

姚劲波的老对手，赶集网创始人杨浩涌则没有那么幸运了。蓝驰创投在 2008 年向赶集网发出了投资意向书，但是恰好赶上金融危机，这轮融资第二年 4 月才真正到位。"金融危机时还是蛮艰苦的，公司没有钱，我们几个人就不拿薪资，想办法卖广告。好在公司已经做了 4 年，有流量。"后来，杨浩涌在接受《财经天下》采访时回忆说。

这之后一批互联网企业死掉了，比如当时盛名一时却昙花一现的博客网和 PPG。

2002 年成立的博客中国曾连续 3 年保持每月超过 30% 的增长，全球流量排名一度飙升到 60 多位；2004 年、2005 年也曾连续获得盛大创始人陈天桥和软银赛富合伙人羊东 50 万美元的天使投资。它不仅获得了 Granite Global Ventures、Mobius Venture Capital、软银赛富和 Bessemer Venture Partner 的 1 000 万美元 A 轮融资，同时其火爆的增长也引发了中国 Web2.0 的投资热潮。

一时间，Blog、Podcast、RSS、P2P 等术语成了投资人挂在嘴边的词汇。博客中国创始人方兴东声称要做"全球最大的中文博客网站"，还喊出了"一年超新浪，两年上市"的目标。在短短半年的时间内，博客网的员工就从 40 多人扩张至 400 多人，据称 60%～70% 的资金都用在了人员工资上。同时，博客网还在视频、游戏、购物、社交等众多项目上大把烧钱，千万美元很快就被挥霍殆尽。2008 年，博客网酝酿将旗下博客中国和 bokee 拆分为两个独立的公司，而拆分之后分别转向高端媒体和 SNS。但同年 10 月，博客网宣布所有员工可以自由离职，也可以留下，但均没有工资，一家投资人寄予厚望的"互联网巨头"就此倒下。

另外一个故事是 PPG，现在很多人可能都没有听过这个名字。说到专卖衬衫的电商，大家会直接想起的也许是陈年的凡客，但实际上，凡客的前辈、2005 年 10 月成立的 PPG 才是当年的主角。PPG 创立不久就迅速建立了市场领导者的地位，那时还不是满世界的韩寒、黄晓明的"我是凡客"，而是"Yes! PPG"的广告语和吴彦祖自信的微笑。

2006 年第三季度，PPG 获得了 TDF 和集富亚洲（JAFCO Asia）的第一轮 600 万美元的联合投资。2007 年 4 月，PPG 获得了第二轮千万美元级别的投资，除了上一轮的 TDF 和集富亚洲追加投资之外，还引入了 KPCB。2006—2007 年，电子商务在 VC 投资界是最热的投资主题，对于 PPG 这样的明星项目，无数 VC 争相投资，能投资进去的都被视为成功者。

不过，到了 2007 年底，PPG 已经开始被媒体披露出一些问题，比如拖欠企业货款、货品质量遭到客户投诉，等等。但 PPG 仍然受到数家风投机构的追捧，并计划于 2009 年初去美国纳斯达克上市。

2008 年，凡客诚品（VANCL）、优衫网、CARRIS 等数十家模仿者一拥而上，PPG 官司缠身、高管流散。到 2009 年末，PPG 总部已人去楼空，一片狼藉，贴在墙上的法院执行裁定书则显示出 PPG 已关门大吉。不少消费者付款后拿不到货物，因而愤怒地将 PPG 称为"骗骗哥"。PPG 累计从上述多家知名 VC 处获得了约 5 000 万美元的投资，它的彻底关门意味着这些投资者都将血本无归。搜狐 IT 频道在 2009 年互联网大会上曾评选出 5 年来投资最失败的网站，PPG 名列榜首。

退出受阻，考验机构生存能力

管窥知豹，2008 年，中国企业境内外上市整体陷入低迷，全年共有 113 家中国企业在境内外各资本市场上市，合计融资 218.3 亿美元，平均每家企业融资 1.93 亿美元。上市数量、融资额、平均融资额均创 3 年来新低。

2008 年共有 37 家中国企业在境外资本市场上市，合计融资 69.22 亿美元，平均每家企业融资 1.87 亿美元。与 2007 年同期相比，上市数量减少 81 家，融资额下降 82.6%，平均融资额下降 44.5%。在海外上市的 37 家企业中，有 23 家企业的融资额不足 1 亿美元，有 3 家企业的融资额不足 1 000 万美元，融资额超过 5 亿美元的只有在香港主板上市的中国铁建和中国南车，分别为 23.40 亿美元和 5.35 亿美元。

危机引发的资金链收缩、上市公司市值大幅下跌，使得各公司必须调整其财务战略，以确保其具有充足的财务弹性能够在恶劣的大环境下幸存下来。这一经济环境为众多手持充足现金的潜在收购者提供了难得的整合或者进入某些行业的机会。这也丰富了次级市场交易，其中主要以借壳上市与业内转手为主。

并购方面，清科研究中心数据显示，2008 年 TMT、生技 / 健康和能源三个产业并购事件总数为 284.9 亿美元。其中 TMT 行业、能源行业并购总额达到了历史峰值，分别为 202.32 亿美元和 78.17 亿美元。

不过，整个市场都处于低谷的时期往往是投资机构发现优质投资标的的好机会。在这个低谷期，诞生了一些日后发展强劲的投资机构，经纬中国就是其中的典型代表。

2008 年，中经合北京办公室的董事总经理张颖和邵亦波、徐传陞创立经纬中国。2008 年 1 月，正式出现在人们视线中的经纬中国带来了第一期 2.75 亿美元基金。

张颖在美国接受教育，并拿到西北大学的生物科技和商学硕士学位。毕业后，张颖加入所罗门美邦，负责在互联网、软件和半导体行业内进行公司研究、结构重组和财务融资等方面的工作。之后，张颖加入荷兰银行担任创投业务的高级投资经理，负责在生命科学、信息技术和互联网领域内制定和执行企业并购战略及其他业务。

2001 年，张颖加入美商中经合集团，担任其旧金山办公室的投资经理，并于 2003 年回到中国继续其在美商中经合的职业生涯。几年后，张颖成为美商中经合北京办公室的董事总经理。在此任上，张颖全面负责美商中经合在中国地区的投资业务，投资了包括分众传媒在内的众多行业的领先公司。

一年多后，经纬中国已经投资了安居客、暴风影音、华康金融、科锐国际、保利博纳等十余家公司，在创投机构普遍失声的金融危机之下能有此成绩，已算难得。

第二节　创业板开了——本土创投的崛起

2009 年 10 月 30 日，伴随着创业板开市钟声的敲响，证监会耗时 10 年磨砺打造的"中国纳斯达克——创业板"火热出炉。当日创业板首批 28 家公司集体上市，平均涨幅达到 106%。

达晨创投的"清晨"

2009 年 10 月 30 日清晨，达晨创投董事长刘昼踩着朝晖步入五洲宾馆。几十分钟后，他将参加创业板首批公司上市仪式。

当天达晨创投的官方网站，用中国记录史实的传统语言描述了这一刻："这注定是要写进历史的日子。这一天，是中国资本市场多层次发展的重要里程碑。万众期待的创业板首发 28 家企业在今天于深圳市五洲宾馆盛大开锣。"

当天在场的还有时任深创投董事长靳海涛、同创伟业董事长郑伟鹤等一众深圳投资行业的大佬们，他们苦熬了那么多年，终于等来了这一刻。

刘昼率领的达晨创投投资了 10 年，也等了 10 年，终于迎来了创业板的开闸，达晨投资的爱尔眼科（300015）、亿纬锂能（300014）和网宿科技（300017）这 3 家公司成功地首批登陆创业板。

一时间，各种美名纷至沓来——"创业板最大赢家""创业板猎手""金手指"，外界对刘昼和达晨的关注和评价比过去 10 年加起来都多。刘昼说，幸好当初坚持了下来，这让他迎来了最令人兴奋的时代。

1999 年的一天，电广传媒董事长龙秋云突然跟刘昼说，给你 1 个亿，到深圳去开个风险投资公司。2000 年，正逢深圳创业投资的大潮初起，各路资本纷纷涌入，投资土壤已然丰满，创投业蓄势待发。达晨的成长可谓占了天时地利。

"仿佛就在一夜之间，深圳突然出现了近 200 家创投机构，而且大量的资金都进入了这个行业，每一家机构都能够很容易地融到资金。"后来，刘昼接受《投资与合作》采访时回忆。

当时达晨有十来个人，大家正摩拳擦掌准备大干一场。但是，大家很快就发现了其中的艰难，对创业板推出的期望一次次落空。2001 年，全球网络泡沫破灭，大把的真金白银打了水漂。2002 年，整个中国创投行业还未展开就迎来了第一次风暴，大多数人都撑不下去了，几乎每周都会传来同行黯然撤离的消息。看着同行者一个个离开，走下去究竟需要多大的勇气？刘昼和达晨开始苦苦挣扎。他回忆，2002—2005 年长达 3 年多的时间里，他们都过得非常艰辛，缺人、缺钱、缺退出渠道。为了度过整个创投行业的冬天，达晨每个人的工资都发得很低，每年仅投资一两个项目。电广传媒的一些高管也曾建议刘昼将达晨从深圳撤回长沙，至少可以省下不少费用，有人甚至建议撤掉达晨。

"中国的经济向好，这是肯定的。改革开放 30 年这么大的发展，GDP 每年都能够保持两位数左右的增长速度。这是我们坚持下去的最大信心。"后来刘昼对媒体表示。

2005 年，证监会实施股权全流通，让刘昼看到了曙光，大家期待的创投的主要退出渠道——通过资本市场 IPO 退出开始有了实现的可能。2006 年，达晨投的首个项目——同洲电子上市，这笔投资为达晨带来了近 30 倍的回报。2008 年，拓维信息成功上市，达晨的投资回报亦高达 40 倍。

有了成功的经验，募资就容易多了。2006—2008 年，达晨完成了 5 支基金的募集。2008 年底，管理资金规模已达近 20 亿元人民币。2009 年初，达晨又完成了两支新基金的募集，5 亿元的达晨创富基金和 3 亿元的达晨银雷基金。

后来刘昼总结说，同洲电子上市，让 LP 看到希望了，至少可以看到在国内做私募股权投资的盈利模式了，可以直接在中国资本市场退出了。后来，邵红霞这样描述同洲电子的成功上市："我们的投资就像走在一条幽暗的隧道里，你不知道哪里是尽头，不知道要走多久可以走出去。但是，同洲电子的 IPO 就像一束光，突然让我们看到了希望。"

2006 年之后，刘昼开始带着投资团队，马不停蹄地看项目，当年达晨就投资了 4 家公司；2007 年，达晨投了 12 家公司；2008 年更是投了 18 家公司，投资额高达 4.2 亿元人民币；2009 年投出去的钱超过 5 亿，2010 年更多……到 2015 年 6 月，达晨创投共管理了 15 期基金，资金规模逾 150 亿元人民币，共投资了 300 家企业，成功退出 80 多家企业，40 家企业 IPO，其中 35 家企业在深交所挂牌，另有 18 家企业挂牌新三板，28 家企业以并购或回购退出。

2015 年再次获得清科集团评选的"最佳创投机构"的殊荣。

深创投"狩猎"创业板

2009 年创业板开启，首批 28 家企业中就有 4 家来自深创投的投资。随后的 2010 年，深创投投资的企业 26 家 IPO 上市，创造当时全球同行业年度 IPO 退出世界纪录。其中包括了一大批最具创新性的企业，例如，欧菲光、信维通信、中青宝、郑煤机、晶科能源、多氟多、明阳风电、东方日升、晨光生物、数字政通、微创医疗等。

2009 年，深创投已经在靳海涛的带领下又熬过了 5 年。军旅出身的靳海涛既没有海归背景，也不是典型的金融专业出身，经过商、从过政。2004 年 7 月，靳海涛正式迈入自己的创投生涯，出任深创投的董事长。

从资本大腕阚治东手上接过深创投的靳海涛并不轻松。摆在他面前的问题是，这家深圳最大的国有背景投资公司已经被市政府认定是"问题非常严重"，注册资本才 16 亿元，而外面"漂"着的资金就高达 16 亿多元（因为委托理财等原因收不回来），早期投资的公司也找不到退出通道。

如前文所述，面对现实，深创投的创投业务趋于保守，资金大量闲置。阚治东将部分资金委托证券公司进行操作。这一操作模式也被外界广泛质疑。

其后，这种操作模式的弊端逐渐显现出来。随着证券市场的持续低迷，大量券商陷入经营困境，深创投的委托理财资金也面临着无法收回的巨大风险。应对这些问题就花了三四年的时间，直到 2008 年底才基本处理完毕。

事情往往具有两面性，危机同样暗藏着转机。正当深创投濒临绝境时，2005 年股改全流通的消息打破了这种桎梏。2006 年之后，国内也开始了新股发行，2004 年推出中小板，2006 年重启新股上市。这对于本土创投甚至对整个中国境内的创投机构来讲，应该都是一个非常重大的分水岭。

随着股权分置改革的推进，资本市场转暖，深创投在 2005 年之前投资的 60 多个项目开始看到了收获的曙光。2006 年，深创投 5 年前以 700 多万元介入的同洲电子成为第一批全流通发行上市的公司。2007 年所持股份解禁后，深创投第一次部分减持就套现了 6 000 多万元。这也是深创投第一个完成了全过程的投资案例。

如果说 2005 年股改全流通是一种天时或者运气的话，那么在 2009 年之前对于创业板的布局则是人和与地利的完美结合。当时，靳海涛提出了本土创投的"狼性"打法：要有敏锐的嗅觉，在见到真正的好项目和好机会时不要因为外部因素而手软，要敢于与外资 VC 抢项目。外资有资本优势，内资也有自己对本土市场了解的优势。

在这一点上，深创投的做法颇有先见之明。当各地政府开始设立政府引导基金或者建立孵化器、创业园时，深创投在 2007 年已经将项目撒向全国各地，与各地政府建立引导基金。在当时领导团队看来，虽然深创投由地方政府发起成立，但其视野不应局限于深圳市，而是应该投向全国。利用各地政府的引导基金则是扩充基金容量和网络的捷径。

这招收到了奇效。从 2005 年起，深创投加快了投资步伐，年投资项目数猛增：2005 年 15 个，2006 年 17 个，2007 年 49 个，2008 年 57 个，2009 年超过了 40 个。那时的靳海涛开始考虑如何强化深创投的竞争力。最后，他提出民族品牌的打法，与资金雄厚的国际 VC 形成了差异化竞争。

就在深创投一路高歌猛进时，其遭遇了 2008 年金融危机，"深创投在中国境内资本市场投资的上市项目，还没变现的就损失了 60%；而境外的上市项目缩水达 90%，本金几乎没了。"靳海涛说。

受金融危机影响，所有 IPO 都推迟了。深创投有一批在 2008 年计划上市的项目不得不搁置。当时不仅国际主要的资本市场都停发了股票，国内市场也从 2008 年 9 月起暂停 IPO。"资本市场到底要停多久，当时谁也说不清楚。"不只是靳海涛，大家心里都没底。

不过，深创投却并未因此收紧钱袋。即便在经济形势明显转冷的 2008 年 9—11 月，仍投了 16 个项目，"成本低了大概 40% ～ 60%。你会更冷静，对企业优势和价值的考量会更清楚。"在 2008 年 11 月深创投的一次股东大会上，靳海涛提出了这一判断，并要求股东增资。

看似"激进"的举动却为深创投留下了巨变的"伏笔"。2009 年创业板开启，首批 28 家企业中就有 4 家来自深创投的投资。随后 2010 年，深创投投资的企业有 26 家 IPO 上市，创造了当时全球同行业年度 IPO 退出的世界纪录。其中包括一大批最具创新性的企业。

历史是记录者，也是见证者。清科研究中心发布的中国创业投资 50 强榜单显示：2004 年深创投仅排在第 16 名，2007 年上升到第 3 名，2009 年创业板开启后成为第 1 名，随后常年保持在前 3 名。

第三节　全民 PE，一场不期而遇的泡沫

2010 年 A 股市场新上市企业达到 347 家，其中有超过 200 家背后有 PE/VC 支持，是当时中国 IPO 数量最高的一年。那一年仅深创投所投的 IPO 企业就达到了 23 家，鼎晖投资和同创伟业各有 8 家被投企业成功 IPO。

"PE 潮来了！"只要身在 2010 年中国 PE 界的人士都有这样的感觉。每

一两周就会有一支规模在 10 亿元左右的 PE 基金出闸，几乎每个城市都在忙着出政策、拉拢企业，且 PE 的类型差不多涵盖了金融、农业、文化等可以投资的每一个行业。

随着创业板的开闸和国内资本市场的持续火爆，中国资本市场在 2010—2011 年一度进入了全民 PE 的状态。

风起云涌

全民 PE 热的兴起，有着多重背景。2007 年修订后的《合伙企业法》为 PE 的发展打开了制度之门。之后，无论监管部门、地方政府，还是国有投资者、银行业、创业者，无论是外资巨鳄，还是中国精英，都在设立、融资、投资、退出的每一个环节里开拓着行业的边界和规范。

作为社会资本、人力资本和金钱资本的组合体，PE 迅速被各方赋予了新的功能。监管者将它视为培养新兴产业、提供增值服务的孵化器；地方政府一度将它视为吸引各方资金的另类融资平台、拉动 GDP 的新抓手。

正是由于这种巨大的想象空间，PE 呈现了爆发式增长。面对不同力量的博弈，PE 因其天然的市场化属性，从政府主导的模式向市场自生自发的方向一路突飞猛进。但与此同时，围绕 PE 的争议亦尾随而至，从投资者的保护到利益输送等，都成为监管者最为关注的话题。

2009 年，删改多次的《股权投资基金管理暂行办法》由发改委报送到国务院。当年年底，中国证监会在深圳举办研讨会，一时间对于 PE 的监管模式各方意见纷至沓来。

标志性的事件是 2009 年 10 月创业板的推出，这对中国本土 PE/VC 意义非凡：它打通了整个人民币基金的募投管退全链条，使得"本土募集、本土投资、本土退出"创投模式最终形成，多年来苦无退出渠道的中国本土 PE 终于迎来了爆发式的收获。

首批 28 家创业板公司背后分别是 20 家风险投资公司。统计显示，风险创投在这些公司上市前一共投入了近 7 亿元的资金，最终赢得了平均 5.76 倍的回报。从此，中国的人民币股权投资风生水起，一时间全民 PE，到处都是 Pre-IPO。

苦熬两年的外资机构在这一年也终于迎来喘息的机会，2010 年创下了当时中国企业赴美上市的最高纪录，当年共有 43 家企业赴美 IPO，融资 39.9 亿美元。

2009 年，本土基金的规模大幅增长，投资数量远远超过美元基金。2010 年成为 PE 飞跃式发展的标志性一年，创业板利好持续发酵，国外 IPO 市场一路高歌猛进。

以深创投、达晨、同创伟业等为代表的本土创投机构强势崛起。如前文所述，2010 年，深创投投资的企业有 26 家 IPO 上市，创下了当时全球同行业年度 IPO 退出世界纪录。此后，深创投常年保持中国本土创投机构榜单前三名的位置。在清科 2010 年中国创业投资暨私募股权投资年度榜单的前 10 名中，除凯雷、鼎晖、高盛直投外，其他均为本土机构。

全民 PE 热

2006 年底出现的第一只大型人民币基金——渤海产业基金，是在国务院特批之下产生的。与国外先有管理人再去融资的模式不同，渤海产业基金是先召集了包括中国人寿、中银国际、社保基金在内的大型国有资金后，才开始研究基金管理公司设立、聘请管理团队的问题的。即采取公司制、契约制的混合体制，出资人同时成了基金管理公司的股东，对于基金管理有很强的话事权。

在渤海产业基金后，发改委又陆续批出了9家产业基金，包括上海的金融基金、广东的核电基金、山西的煤炭基金、四川绵阳的高科技基金等。它们大都与地方政府关联，聘请市场化的管理团队，规模动辄百亿。与此同时，还发起了关于PE监管法规的讨论，也获得了业界响应。

2008年4月，社保基金获准可投资经发改委批准的产业基金和在发改委备案的市场化股权投资基金，总体投资比例不超过社保基金总资产（按成本计）的10%。鼎晖、弘毅两家的团队拔得头筹，分别获得20亿元的出资。

这一模式在当时看来俨然是通向大型PE的通途，此后很快又有22家机构的团队在发改委备案。但出于各种原因，全国社保基金投资PE的发展速度有限，且只能在单一基金中出资一定比例，显然这已难以满足基金管理人的胃口。

2008年底，各地政府的引导基金和投融资平台也加入了PE战局。基金管理者亦有动力与各地政府合作，借助地方政府之力到发改委申报产业基金，找地方企业融资，介绍投资项目。有了政府背景，就能提升在当地的竞争力。

2009年，在发改委批准筹建的产业基金中，只有3支宣布第一期融资成功。中广核产业投资基金融资70亿元，天津船舶基金融资28.5亿元，绵阳科技城产业投资基金融资90亿元（规模达原计划的150%）。

当时纯市场化的管理团队融资规模金额较小，大都局限于民营领域，而国资背景的PE管理人能吸引到巨额的国资。大型国企的加入，使得部分PE发展迅猛。如2010年1月18日，以中国航天科技集团为主要发起人的航天产业基金正式设立，主要投向航天产品、航天技术应用产业、航天服务业及其相关领域，预期募集资金规模200亿元人民币，首期募集资金30.3亿元。

　　当然，中国的 PE 界不只吸引着专业投资人，各行业社会精英也纷纷加入，越来越多的企业也开始涉足 PE。2008 年财政刺激政策解决了 PE 融资难的问题，经济转型和第一代民营企业家的资本积累，也给 PE 投资带来了机会。形形色色的投资者和大量资金的进入，一时间促成了全民 PE 热。

　　1. 地方政府热情不减。上海在加速"两个中心"建设的背景下，正在筹建上海航运产业基金；北京已经设立了环保、农业等产业基金；天津则设立了船舶基金，并与中航集团、建银国际筹建航空产业基金。

　　2. 越来越多企业进入。中国第二大 PC 制造商方正集团创建了一支规模为 20 亿元的基金，该基金专注于技术、媒体和电信领域，基金管理公司由方正与一家海外机构合资组建。

　　3. 民营企业资本积累。第一代企业家，如马云、史玉柱、柳传志等人也摩拳擦掌。

　　4. 民间大量热钱涌入。国务院发展研究中心金融研究所副所长巴曙松在一次赴杭州授课时如此形容参会者阵容："上百家人民币基金的管理人，很多人二三十岁的年纪就掌管着一两亿元规模的人民币基金。"

　　5. 演艺明星等开始跨界。如 2010 年刚上市不久的华谊兄弟，股东名单中赫然有冯小刚、黄晓明、任泉等明星的名字，这也成为他们日后发展、设立新基金的第一桶金。

　　综合以上几点，全民 PE 热在各种因素的包裹下，滚雪球式地向前发展。值得注意的是，新一轮 PE 潮的兴起，与初期的模式大大不同。早期管理人执着于获得社保基金的支持，进而融得巨额资金的设想在现实中并未顺利展开，而后起 PE 反倒另辟了相对市场化的融资蹊径。

　　据清科研究中心统计，在金融危机余波未了的 2009 年，共有 105 支人民币基金成功募集了 122.95 亿美元（约合 839.38 亿元人民币），新募基金数和募资金额分别占当年同期募资总量的 84.7% 和 65.4%，人民币基金首次在新募基金资本总量上占据市场主导地位。

盛宴过后的泡沫：募资难、退出难

风险投资一般分为四个阶段，募资、投资、管理、退出。因此，无论募集资金如何成功，挑选项目如何精准，管理公司如何高超，若无法实现"退出"，这些工作都是白搭。

通常的退出方式有四种，即上市退出（包括搭建 VIE 架构、借壳上市、境内外主板或创业板上市等诸多模式），通过多种方式转让股权，被投资企业进行回购，清盘。其中，一般来说，通过上市退出占到了所有退出方式的七至八成。

但在欧美等资本市场高度发展的地区，VC/PE 投资真正通过上市退出的只有 20% 左右，更多的是通过并购和回购退出。但对于中国大多数 VC/PE 来说，实现控股比较难，这在一定程度上制约了投资机构的并购退出路径。

在中国，PE 们开始从新经济向实体经济投资风格转变。以互联网为代表的高科技企业是新经济的楷模，这些企业的发展特征是高成长、高回报、抗经济波动，因此能够实现远超市场平均投资回报率的业绩，在短短几年实现连续倍增式增长并非神话。

像腾讯、阿里巴巴、百度等大量迅速成长的公司背后都有着 PE 们推波助澜的影子，一大批门户网站在其推动下赴美上市。随后，消费、医疗、媒体和娱乐逐渐占据了主要的投资方向。

高成长企业早已名花有主，PE 的后来者们不得不转向投资类似雷士照明、俏江南这样的实体企业，但实体企业和经济环境的高度关联性让 PE 们痛苦不已，投资回报率下滑已成必然。

但是，前期项目高回报的退出，自然吸引了大规模的后续资金进入。根据当年的数据统计，2010 年 VC/PE 募集资金 1 768 亿元，相当于 2009 年的两倍。2010 年另一个行业动向是 PE/VC 机构开始双币化。当然，在大量资本进入的同时，PE/VC 市场不可避免地开始泛起了巨大的泡沫。

历史总是循环往复，倒下的企业不是空前，也不会绝后。在拥挤的道路上，泡沫吹得越大，戳一戳也就越容易破灭。

2008 年金融危机之后，在宽松的货币政策刺激下，中国股市经历了两三年的恢复和发展，继而再次陷入低迷。2012 年证监会暂停 IPO 审核，一大批投资机构因为投机做 Pre-IPO 而折戟沉沙。被投资企业上市变得遥遥无期，而基金的期限又较短，LP 投资人的压力很大，许多机构被迫清盘转让被投资企业的股权。

盛宴过后，一地鸡毛。大幅下滑的业绩使大批企业不再符合上市条件，使这些被投企业背后的 PE 机构没能存活到 IPO 开闸，就从市场上销声匿迹了。

注：本节部分内容参考了《新世纪》周刊记者陈慧颖、于宁、王紫雾、曹祯所写的文章《全民 PE 热》，以及《中国经济周刊》记者谈佳隆所写的文章《全民 PE 的泡沫要破了》。

Chapter 5

第五章

电商时代（2010—2014 年）

中国 VC、PE 在互联网行业的投资史上，除了百度、腾讯之外，另一个应该浓墨重彩去描绘的部分，就是电商。

2010 年，当当网登陆纽交所，成为中国第一家完全基于线上业务、在美国上市的 B2C 网上商城，也由此拉开了中国电商企业上市的序幕，随后唯品会、聚美优品、阿里巴巴、京东接连上市。

2012 年初，在电商行业因为难以盈利的普遍现象广受诟病时，唯品会在纳斯达克"流血上市"，市值最低时不足 3 亿美元。但让人意想不到的是随后唯品会的股价一路飙升，顶峰时市值已达 180 亿美元，两年涨了近 50 倍。

到 2014 年，中国电商企业的势头更是一发而不可收。同一年 3 家电商企业连续上市：2014 年 5 月 16 日，聚美优品在纽交所成功敲钟，市值直逼 40 亿美元；6 天后，京东以近 300 亿美元的市值登陆纳斯达克；4 个月后，纽交所又迎来电商巨头阿里巴巴，以 2 314 亿美元的市值成为当年美国乃至全球资本市场上最大规模的 IPO。他们给背后的投资人带来了巨大的投资回报。

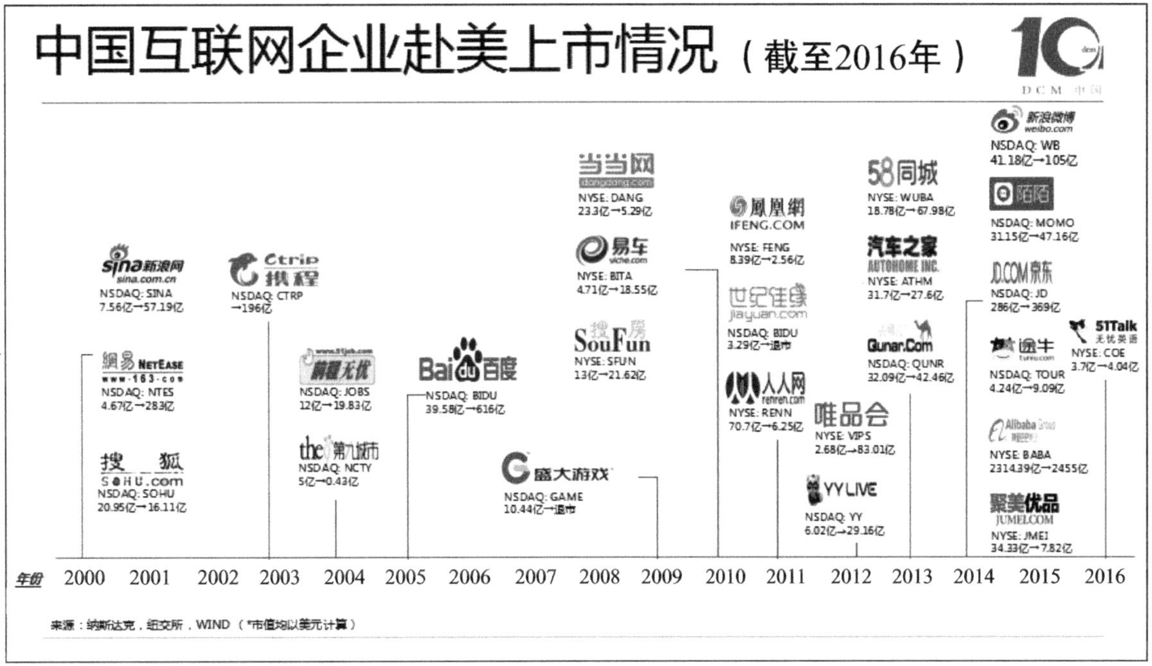

图表来源：DCM资本

图5-1　中国互联网企业赴美上市情况（截至2016年）

第一节　决胜电商

2005 年夏，沈南鹏决定告别创业家的角色，开启投资征程；当年 9 月，沈南鹏成立红杉资本中国基金，并担任创始及执行合伙人，开始专注于中国市场的投资机会。

奇虎 360，沈南鹏第一个"点石成金"的项目

进入红杉之前，沈南鹏就是一个出色的天使投资人，在投资领域已相当活跃。2002—2005 年，他曾以个人身份参与投资的企业包括分众传媒、易居中国等。8 年投行生涯加上 5 年的创业经验，让沈南鹏既精于判断哪些公司会得到资本市场的认可，又善于筛选怎样的创业队伍才最靠谱，两大优势集于一身，使这个具有财务背景的人不仅成为风投的新生力量，还深受创业者的追逐热捧。

在最初的 2005—2006 年，"新生儿"红杉中国面临种种挑战，出手投资的项目并不多，成功与失败兼而有之。彼时，性格低调的沈南鹏为了扩大红杉中国的知名度，频频高调曝光。然而，最初的投资项目主要还是靠个人关系，一般都是熟人投熟人。比如，沈南鹏第一个"点石成金"的项目是周鸿祎的奇虎 360。

二人最早相识于携程，周鸿祎刚从雅虎出来不久，沈南鹏找到周鸿祎，表示不管周鸿祎自己做公司，还是投资什么公司，都打个招呼。在那场"说者有心，听者也有意"的对话后，周鸿祎创立了奇虎 360 并最终获得了红杉中国的投资。事实证明，沈南鹏确实没有投错人。

2006 年 1 月，红杉中国向奇虎 360 投资 600 万美元（50 美分 / 股），同年 11 月再次注资 100 万美元（66 美分 / 股）。2011 年 3 月 30 日，奇虎 360 在纽交所上市，红杉中国持有 9.48% 的股份，为第一大机构投资人。在很长一段时间内，红杉中国依然坚定持有，这非常符合沈南鹏与红杉中国长期价值投资的逻辑。

除了投资熟人之外，沈南鹏也曾凭借敏锐的商业直觉投出过神来之笔。2007 年初，沈南鹏和海纳亚洲的人去重庆考察"小天鹅"项目。喝咖啡的间歇发现有家餐厅人满为患，带着好奇，沈南鹏也排队买了份餐，觉得味道不错。然后，他决定投资这家名为"乡村基"的重庆本土企业，据说苦于联系负责人未果，直到 4 个多月后才正式接洽。2007 年 9 月，乡村基获得红杉中国和海纳亚洲共 1 300 万美元的 A 轮投资。2010 年 9 月 28 日，乡村基在纽交所上市，红杉中国账面回报超 7 倍。

唯品会、聚美优品成就回报神话

红杉中国投资过唯品会、聚美优品、京东商城、阿里巴巴等诸多电商领域的佼佼者，其作为投资机构，在电商领域的布局是相当成功的。在电商蓬勃火热的时代，各大投资机构都曾不遗余力、用尽浑身解数抢夺电商资源，但最终能上市的也仅有几家。

2008 年 3 月，红杉中国出资 8 000 万美元收购了华平以及其他少数股东持有的麦考林股份，成为第一大股东，并将上市提上日程。2010 年 10 月 26 日，麦考林成功在纳斯达克挂牌交易。这家靠邮购业务起家、从各方面来看都不算出色的"丑小鸭"，赶在当当、京东、凡客之前跃升为"中国电商 B2C 企业上市第一股"。招股书显示，沈南鹏是董事长，代表红杉中国持股约 2.53 亿普通股，占总股本的 75.9%。虽然麦考林上市之后的股价表现始终未能尽如人意，但红杉中国于 2011 年通过股权转让依然获得了一定程度的投资回报。

继麦考林之后，红杉中国又在电商领域布局了乐蜂网、好乐买、玛萨玛索、唯品会、阿里巴巴、京东商城、聚美优品、酒仙网、美丽说等多家企业。其中唯品会、聚美优品、京东商城、阿里巴巴在 2012—2014 年先后上市，红杉中国成功在电商投资领域独领风骚。

唯品会曾经是中国电商小而美的标杆，它的成长算得上是一个不折不扣的"逆袭的故事"。红杉中国早期投资唯品会时，后者还处于"籍籍无名"的状态唯品会创始人沈亚是个非常成熟的企业家，是一位很老到的商人，他认为，红杉中国真正懂唯品会。从 2011 年 1 月至 2012 年 3 月，唯品会先后获得红杉中国三轮投资，总额约为 4 450 万美元，上市前红杉中国持股 19.3%。

2012 年 3 月 23 日，创立仅 3 年多的唯品会在纽交所上市，创造了电商网站最快上市的纪录。然而首日开盘即破发，最终报收于 5.5 美元，较 6.5 美元的发行价（最初定于 12 美元）下跌了 15.38%。唯品会最低市值曾不足 3 亿美元。直到 2012 年 9 月中旬，唯品会股价才涨到发行价 6.5 美元左右。然后又用了一年的时间，股价涨到了 15 美元。

彼时的美国资本市场环境尚不明朗，中概股也处于低谷，且沈亚也不愿意过早上市。但基于唯品会发展的资金需求、提升品牌的需要，以及对商业模式会受资本市场欢迎的预期，沈亚做出了上市的大决策。经历了短暂的"股价震荡"之后，唯品会用事实证明了上市的正确性。2013 年 9 月到 2014 年底，唯品会股价经历了一段大幅上涨；2015 年 4 月 10 日，唯品会的股价处在历史最高点 30.72 美元，市值最高近 180 亿美元。

美团与大众点评合并，红杉中国成为最大赢家

大众点评，成立于 2003 年 4 月，创始人是张涛，2006 年 1 月，获得红杉中国 200 万美元 A 轮融资；美团，成立于 2010 年 3 月，创始人是王兴，同年即获得红杉中国 1 000 万美元 A 轮投资。这是王兴与沈南鹏的第二次交集。好在，这一次沈南鹏没有再错过王兴，才有了今日声名显赫的新美大。

2015 年 10 月 8 日，美团与大众点评宣布达成战略合作，双方已共同成立一家新公司（新美大），双方现有股东将权益注入新组建的境外公司（仍采取 VIE 架构），比例大致为 5∶5。此次合并，红杉中国的沈南鹏作为二者共同的 A 轮投资方，成为新美大背后最强力的资本推手。

除了多家上市公司以外，那几年红杉中国的投资名单里也不乏独角兽企业：新美大、饿了么、今日头条、酒仙网、大疆科技、斗鱼直播、达达物流、华大基因、深圳新产业等。

第二节　58 同城的胜利！阎焱与林欣禾的投资哲学

2013 年，58 同城上市，在其背后出现了两位令人熟悉的投资人面孔——阎焱与林欣禾，作为最早进入中国的 VC 代表，两人几乎见证了整个中国互联网行业的发展。在每一次互联网投资的盛宴中，他们总能够找到那个最有希望成为独角兽的公司。

阎焱：陈天桥与姚劲波的伯乐

2012 年的雷士照明事件让阎焱陷入了舆论的漩涡中，媒体甚至用中国版

的"门口的野蛮人"来形容这位 VC 教父。事后证明，阎焱有些冤枉。阎焱的骨子里有一股傲气，并不在乎别人如何评价，只要自己认准的事情便会下定决心去做。

阎焱不喜欢平庸。他的微信头像是一头雪狼，孤独地傲视远方。在前半生中，他一直在寻找一个让自己能够热爱的工作。从工人、飞机工程师、社会学学者到世界银行官员，阎焱几乎做过了所有可以用刻板和无聊来形容的工作。最后，他选择了风险投资。

"我丝毫不掩饰对风险投资的喜爱。从第一天起，我就爱上了它。"1994年，阎焱进入这个行业。那一年，他 38 岁，他找到了存在的价值。他在世界银行的老板组建了美国国际集团（AIG）亚洲基础设施基金，力邀他加盟。随后，阎焱加入 AIG，担任该基金北亚和大中国区董事总经理，成为一名风险投资人。

喜欢挑战的阎焱很快迎来了第一个案子：中海油。1999 年，他在 AIG 提出了对中海油 2.8 亿美元的投资。因为当时中海油第一次上市失败，市场反应不佳，这个提议很快被投委会否决了。

闷闷不乐的阎焱在会议室门口碰到了美国前国务卿基辛格。当时担任基金委员会顾问主席的基辛格问阎焱："你看起来不开心？"阎焱回答："当然，我的第一个项目就被扼杀了，要知道这是一个能赚很多钱的项目。"基辛格说："你应该去想想美国投资者们喜欢听什么。"后来，阎焱告诉投委会，中海油在中国具有众多的海上勘探和开采权。这一理由很快就说服了投委会，最终 AIG 完成投资。后来，中海油的成功证明了阎焱当时的判断。

离开 AIG 之后，阎焱加入了软银，成为孙正义的得力助手。1997 年金融危机，孙正义损失惨重。不过，他对阎焱负责的软银中国基金还是非常支持的。2003 年，梁伯韬告诉阎焱，上海的一家互联网公司很有意思，建议他去看看。

这家公司就是后来的盛大。阎焱安排了黄晶生（后担任贝恩资本董事）去约见陈天桥。黄晶生对陈天桥的感觉很好，见面当天就签了投资条款申请单（Term Sheet，TS）。阎焱回忆说："投资盛大，我们并非拍着脑袋就决定了。因为我们软银在整个亚洲都有基金，在韩国我们见过类似的公司，对于盛大有心里的预期估值，投资意向比较清晰。"

盛大的成功让阎焱声名鹊起。但阎焱未被外界的称赞冲昏头脑，他仍清楚地认识到："很多公司成功后，外界总喜欢评价投资者当年眼光有多好。有没有感觉？确实有，但都只是大致的东西。马云就是这样。我认识马云特别早，他十几年没钱赚，但他最后坚持下来，并且成功了。作为投资人和创业者，能够做好的就是看到大概的方向并且坚持。至于是否成功，这需要很多因素的叠加。"

2005 年，中国经历了 VC 历史上的第二次黄金期。也是在这一年，阎焱带领团队设立了第二支基金——赛富基金。阎焱出任公司首席合伙人，成为真正意义上的创始合伙人。这次事件被称为"VC 独立运动"。在阎焱之后，一批投资人开始独立出来设立自己的基金。

58 同城是赛富基金在互联网第三次浪潮中的代表案例。当时，姚劲波选择了在中国还没有很强对手的分类信息行业，类似于美国的克雷格目录（Craigslist）。阎焱说，2006 年时在网上看到有关 58 同城的信息，对这种模式比较感兴趣，他经方兴东介绍找到了姚劲波。

姚劲波听到赛富找自己，激动得差点把电话给扔了。2007 年，赛富因为盛大、完美时空等项目的投资声名鹊起，如日中天，而姚劲波的 58 同城则是默默无闻。双方随后一拍即合，赛富投资了 150 万美元，获得 38% 的股份。

但 58 同城的发展并非一帆风顺。2008 年金融危机，姚劲波跑到赛富办公室，但是不敢见阎焱。阎焱看到后问他什么事，姚劲波说希望再追加投资 300 万美元。阎焱随后召开投委会，大家对是否投资意见不一。他问姚劲波："你觉得这个事情靠谱吗？"姚劲波说："我也说不清楚，但是我们这个市场足够大，而且几乎没有竞争对手。"最后，阎焱拍板给 58 同城追加了投资。

2008—2010 年，58 同城的日子并不好过，但姚劲波咬牙坚持了下来。直到 2013 年上市，58 同城才最终完成了逆袭。这也证明了阎焱当初的判断。

林欣禾：新浪的奠基者与 58 同城的伯乐

林欣禾的公司诞生在斯坦福的校园——学生食堂后面的一个小房子里。另外两个伙伴与林欣禾一起创办了华渊网。后来，这家公司与中国门户网站四通利方合并成立了新浪网，林欣禾加入新的公司。

在新浪工作的 10 年时间里，林欣禾的工作重点和兴趣一直集中在资本和并购业务上，这也为他日后成功转入风险投资领域埋下伏笔。后来，林欣禾加入 DCM 开始负责亚洲区投资业务。在这段时间里，他经历了金融危机，也见证了互联网的大起大落。

在上一波互联网热潮中，电商是投资人最为看重的风口。在这些电商投资中，唯品会无疑是一个标杆。林欣禾回忆说："第一次见沈亚，他跟我灌输的理论是唯品会不同于其他特卖网站，它们不像淘宝那样可以搜索到自己想要的全部东西，而是街边折扣店。"在沈亚看来，唯品会的客户不是已经想好了买什么东西才来，而是为了打折来的。因为买到打折的东西对于他们意味着省下了更多的钱。这一商业理论在传统消费中并不难理解，但是没有人把它平移到互联网上。

唯品会的另一招"独门秘籍"是"快"得有点离谱的到账率。"沈亚告诉我，他们在 20 天内就会给供应商回款，有时甚至催着供应商给发票。我当时觉得他疯了，这完全不是电商的玩法。"

林欣禾回忆，他最初很难理解沈亚的这种做法。唯品会最初的毛利率是 –20% 左右，而电商的平均毛利率是 –12% 左右。林欣禾实在很难理解这家公司是如何运作下去的，每卖一件商品都是在赔钱。但沈亚告诉林欣禾，唯品会下单率奇高，购买率超过 90%，这也是任何一家电商都望尘莫及的。"沈亚告诉我，毛利率虽然亏损多，但是他的网站几乎不用打广告，而电商平均的广告推广费用约是净利润的 20%，如果除掉这块费用，唯品会其实更省钱。"林欣禾说。

"我觉得被他洗脑了！"林欣禾调侃。不过，他最终还是投资了唯品会，首期投资 7 000 万美元。当然，最终唯品会上市还是让他获得了 6 倍以上的投资回报。这也是那波电商投资热中为数不多的成功上市案例。

58 同城上市之于彼时的中国互联网，意义不同寻常。而作为其幕后的投资机构合伙人，林欣禾也坦言投资 58 同城是灵感和哲学相结合的结果。

2009 年，美国互联网分类广告市场的成功让林欣禾将注意力转移到国内的同类网站上。当时摆在他面前的有三个选择：百姓网、赶集网、58 同城。

最早去看的是百姓网。"对方告诉我，他们团队小，但是成本低、利润高，创始人认为做分类广告网站不需要太多人，因此财报做得比较好看。"不过，林欣禾也坦言，这是三家中规模最小的，因此被他最先排除。

比较难选择的是赶集网和 58 同城。林欣禾先去看了赶集网，感觉这是一家技术流公司。"赶集网告诉我，他们技术很强大，因为有 Google 背景，所以可以自动过滤虚假信息。"但是当他询问销售怎么做时，对方的回答是"只要网站信息真实，客户是会有趋近性的，不用担心销售"。至今林欣禾还能清晰记住去 58 同城和姚劲波第一次见面的情形。"58 同城到处都是夹着皮包，打电话做业务的销售人员。"他形容道，那里看上去不像一家互联网公司，更像一个集贸市场。姚劲波之前在万网的工作经历让他对互联网销售有着敏锐的判断力。他告诉林欣禾："广告就是我最好的销售产品。"

"这太可怕了！"林欣禾感觉到一种颠覆，这种颠覆是他在做新浪时就梦寐以求的。"我在新浪做了 10 年，知道我最痛苦的是什么吗？卖广告。为了让广告主认可，你需要耗费大量的人力物力，还要增加新闻内容和点击率，因为那个时代没人会花钱去买本来就免费的新闻。

"但是 58 同城却将广告作为网站的内容出售，这意味着所有广告在成为内容的同时会直接产生收益。不过，从内容转化为利润的这个过程并不容易，需要网站不断地邀请客户来发布广告，并且愿意掏钱。而这正是姚劲波的强项。"投资 58 的成功应该有 50% 的正确决定是在那次见姚劲波时做出的，对于规模的扩张，我们达成了共识。"

58 同城上市后，林欣禾坦言，如果市场竞争者们想要继续活下去，那么转型是必然的。"58 之后再无 58，分类广告这个市场已经没机会了，不过互联网广告有很多种形式，其他从业者可以选择转型做其他市场。"

第三节　徐小平，聚美优品背后的最大赢家

2014 年 5 月 16 日，聚美优品正式在纽交所挂牌，股票代码"JMEI"，开盘价每股 27.25 美元，发行价为每股 22 美元，上市首日最高股价曾达到每股

28.28 美元。按照开盘价计算，聚美优品市值约为 38.695 亿美元。

　　就这样，聚美优品先于京东和阿里巴巴在美国证券交易市场上市，创造了电商界的一个奇迹：从成立到上市仅仅用了 4 年时间，并在电商企业普遍亏损的情况下，连续 7 个季度实现盈利。

　　而它的投资人徐小平从最初向聚美优品提供的天使投资中获得了高达数千倍的回报，账面收益近 3 亿美元，这也成为他回报最高的投资案例之一。

得雷军真传，借力徐小平

　　2006 年，陈欧还在新加坡南洋理工大学读大四，和师弟刘辉创办了在线游戏对战平台 Garena。在陈欧管理期间，平台已经达到 10 万人同时在线，最高峰时有四五十万人。

　　他离开时，平台是通过卖给玩家增值服务的方式赚钱，没有太多盈利，但是收支基本可以持平。就这样，陈欧在新加坡拿到了创业的第一桶金。

　　从新加坡南洋理工大学大学毕业后，陈欧申请了斯坦福的 MBA，同时远程管理在新加坡的 Garena。但现实往往没有那么简单，Garena 引进了职业经理人，因为距离太远，陈欧已经无法掌控公司。2008 年中，他卖掉了股份，拿到了千万级别的现金。

　　在斯坦福，陈欧认识了戴雨森。后者在斯坦福待了三个学期，就被陈欧拉回国内创业。刘辉也在 2009 年卖掉股份，同时放弃未到手的价值 100 万美元期权，追随陈欧回国创业。

　　这是当时国内为数不多的一开始就具备相对健康的创始团队的企业之一。陈欧有技术经验，长于融资、战略、市场；刘辉在两个创业项目中都是技术负责人；戴雨森则是很好的视觉设计师。

早在 2006 年底，陈欧为 Garena 在国内寻找投资人的时候，经兰亭集势创始人郭去疾的介绍，就认识了徐小平。

在美国期间，陈欧就开始筹备回国创业计划，最后选择了游戏内置广告的商业模式。他开始不断回国，和投资人接触，最后拿到了徐小平 18 万美元的投资。

不久，这家名为 Reemake 的游戏广告公司在中国诞生，但迅速遭遇了水土不服的问题。几个月的时间，公司账面上只剩下 30 万元人民币现金了。

当时，他们尝试过很多事情，唯一的目标就是让公司活下来。与其让业务完全停掉，不如先去投石问路，尝试化妆品团购的业务。

化妆品团购被他们认为是离钱比较近的一件事，可以让公司活下来，但是能不能做大，当时三人并不知道。他们花了两天的时间搭建起团美网。结果真的有消费者愿意来买。随着团美网越来越消耗人力，挣钱的可能性也比原有项目高出很多，他们决定集全公司之力，转型做化妆品。

2010 年 2 月，抱着扩展人脉、便于融资的想法，陈欧申请了亚杰商会的摇篮计划。面试他的人正是雷军，陈欧通过了，成为雷军的学生。

"雷军后来告诉我，当时看到我的创业项目觉得超级不靠谱，但是看我的简历觉得人还挺靠谱，最后勉为其难把我留下的。"陈欧说。

雷军曾经告诉过陈欧三点，让他受益匪浅：要做一个市场足够大的东西，而不是自己喜欢的东西；在正确的时间做正确的事；早期低成本高速扩张。

团购符合这三点。陈欧一度认为，这是最好的商业模式——预付款，30 天以后再打款给商家，现金流非常好。但是此时，市场上已经有了 36 团、VC 团这些团购公司，市场已是一片红海。凭借着早期做仓储物流的 B2C 基因，陈欧再次转型，团美网从"千团大战"中抽离出来，变身从事化妆品 B2C 业务的聚美优品。2011 年，聚美优品拿到了来自红杉中国、险峰华兴等机构的 650 万美元 A 轮投资。

18 万变 3 亿

聚美优品上市，徐小平从最初向聚美优品提供的一笔天使投资中获得的回报高达数千倍，账面收益近 3 亿美元。

这笔价值上亿美元的投资交易，自 2007 年陈欧从新加坡南洋理工大学毕业回国时已现端倪。在中国大饭店，徐小平单刀直入，他直接问陈欧关于钱的问题——你要多少？给我多少股份？

这次交谈最终谈妥的协议价是 18 万美元、10% 的股份，陈欧对自己团队 200 万美元估值的坚持成为徐小平日后津津乐道的"投资点"。

"其实这就是一个十几分钟的对话，谈判如此干脆利落。我马上给他打电话，希望把一套房子借给他用。"徐小平在天使投资之初，将位于中关村海淀黄庄地铁站口的"创业者乐园"交予陈欧。

此后团队两度调整创业内容，而在这半年时间里，徐小平有意不主动联系陈欧，似乎有意避免向其施加压力。

天使投资完成后，徐小平创立的真格基金、红杉中国以及险峰华兴在 2011 年向聚美优品进行了总额为 650 万美元的 A 轮投资，回报也达到五六百倍。

2010 年 9 月，团美网正式启用聚美优品的新品牌，并且启用全新域名。聚美优品本质上是一家垂直行业的 B2C 网站，从最初每日一件限时折扣的团购模式的团美网，到现在每日多件产品限时抢购的聚美优品，公司单月销售规模已在一年半内增至上亿元。

实际上，陈欧的营销手法也受到了徐小平的影响。2011 年初，董事会提出让陈欧为他创办的聚美优品做代言人，而当时的陈欧对此十分犹豫。讨论中，徐小平举了搜狐 CEO 张朝阳的例子。在他看来，同为互联网创业者，张朝阳通过自我宣传帮助搜狐提升网站知名度是性价比极高的做法。徐小平也希望陈欧站出来。

结果，"陈欧体"一度成为热门话题，陈欧"拿自己营销"的手法也愈发精进纯熟。随后，陈欧又以老板团成员的身份参与了天津卫视的招聘栏目《非你莫属》的录制，聚美优品的知名度随之迅速上升，日均销量也从 50 万元增长到 150 万元。

投资先投人

真格基金诞生的缘由，徐小平对外说过多次，斯坦福大学对他和真格都影响至深。真格回报率最高的投资项目之一 ——聚美优品，它的创始人陈欧和徐小平就相识于斯坦福大学。

真格基金最早的投资时间是 2007 年，但是当时真格仅仅是徐小平和王强的个人天使投资品牌。大家所熟知的真格，也就是机构化的真格 2.0，开始于 2011 年下半年。

从新东方创业元老到著名的天使投资人，徐小平越投越开心，这无疑与他的那些成功案例有关。"当年我投给世纪佳缘五六十万美元，两年后变成了 2 000 万美元。之后我就意识到天使公司确实可以创造某种奇迹。所以我们的投资历程就开始了。"

2011 年底，真格基金与红杉中国在北京宣布，双方合资共同成立新的真格基金，专注于天使期的创业项目，主要投资电子商务、移动互联网、教育培训、娱乐媒体等广泛领域。

在天使投资界，徐小平以感性著称，他选择项目注重的是对人的观察和选择。如果创业者具备打动徐小平的个人魅力，他就会考虑投资。有时和创业者面都没见过，钱就打到了对方账户。这样的选项目风格同样沿袭到了真格基金之中。

徐小平对人的最根本、最起码的要求是"事可以失败，做人不能失败"。徐小平表示，在初期阶段，真格基金的投资团队会就各种风险值对项目进行考量，但最终的结果是"把我搞晕了"。因此，最终整个投资团队与徐小平的投资风格达成了一致，从项目分析转向了对"人"的分析，从其个人品质、经历与创业热情去判断项目价值。这就是徐小平所谓的"投资先投人"。

2014年和2015年是真格基金投资最疯狂的两年。在两年时间里，真格投资了近200个项目，管理了5期美元基金和4期人民币基金，人员也扩充到了近40人。多年后再从时间角度回头看，真格的发展周期和中国移动互联网的时间线非常吻合。

第四节　京东一役奠定今日资本徐新的
"投资女王"地位

"那天我们和刘强东在纳斯达克等待开盘，当股价跳出来的那一刻，我问他什么心情，他说还挺开心的，但是并没有欣喜若狂。他说，尽管现在京东是中国在纳斯达克上市的最大公司，但只有等到京东变成最盈利的公司时，他才会真的高兴。"徐新说。

2014年5月22日，刘强东带领京东商城在美国纽约纳斯达克证券交易所顺利上市，市值达286亿美元。京东商城的上市让背后潜伏了8年的徐新和她的今日资本获得了100亿美元的收入，以及超过150倍的账面回报。

200万与1 000万美元

徐新一直在寻找那种"杀手级"的创业者。她后来回忆说，第一次见到刘强东的时候，他的电脑上写着"只有第一，没有第二"。当时她想："这正是我要找的人。"刘强东把后台ERP系统给徐新看，徐新说："当时京东销售额5 000万元，每月增长10%。关键是他当时一分钱广告也不打，老客户一年会上来3次。这说明用户喜欢这个网站。"后来，当媒体问及京东哪里打动了徐新时，徐新多次强调这一点。"老刘给人的感觉挺诚信的，每天趴在网上，给用户回帖子，过两分钟就回。"

面谈那天，徐新和刘强东从晚上10点聊到凌晨2点，4个多小时。直觉告诉徐新：这是一匹黑马，必须马上拿下！徐新问刘强东要多少钱，他说要200万美元。徐新说："200万美元哪够？给你1 000万美元。"

徐新的基本逻辑是，找到某些领域的先行者，给他们足够多的钱，让他们舍命狂奔，占据领先位置。徐新说："互联网企业必须迅速做大，要么特别大，要么死掉。在一个烧钱的行业，200万美元肯定不够，过两天又会来要钱。"他们约定，头4年只专注增长，第5年再谈赚钱。

当天，徐新就帮刘强东定了和自己同一个北京飞上海的航班，到了上海就把投资框架给签了。"生怕他跟其他投资人见面。"后来徐新讲到这段时，笑容中有一点狡黠，有一点得意。签完后，徐新先给了刘强东200万美元过桥贷款。一般情况下，这是要签完正式协议才给的钱。当时，徐新先给他钱的原因，一是给了钱就把他绑定了，二是帮他从前一个基金赎身。徐新投京东的时候，京东已经跟一个人民币基金签了合同，本来对方说好投500万元人民币，投了100万元之后便停止了投资，因为那时京东一直在亏损。不过，京东的亏损不仅在徐新投资之后没有转为盈利，直到十几年后，京东还是亏损的，但这不影响它为投资人带来的巨额回报。

2007年3月27日，京东向今日资本发行了1.55亿"A类可赎可转优先股"，附带1.31亿份购股权。2007年8月15日，1.31亿购股权被行使。两笔融资合计1 000万美元。

拿到钱以后，刘强东胆子大起来，马上扩充产品线。京东的商品迅速延伸到数码相机、手机等消费类电子产品，确立起在3C领域的江湖地位，大大提升了用户的购买频率。为了让京东创业团队更有动力，今日资本承诺拿出18%的股份作为员工期权，条件是前4年公司每年营业收入都能增长100%以上。实际上，京东每年增长均超过200%。这一期权池为刘强东日后招揽高素质人才、完成管理的职业经理人化打下了良好的基础。

至今仍让人津津乐道的是当时京东连会计都没有，是徐新贴钱找的。"那时候京东连会计都没有，我们投资后就说得帮你找个会计呀。他回答说'好，但是工资不能比老员工高'。后来，我找来一个财务总监，工资由我出一半，京东出一半。新财务总监入职2个月，刘强东跟我说，2万块钱的人果然比5 000块的好用呀，你再接着给我找人。"徐新在接受采访时曾透露这一往事，这也是后来京东高薪引进高管的开始。

最危险的时候

2008 年是京东最危险的时候，融不到资，风险很大。当时京东第一轮成长特别快，但钱总是不够用。而且，正赶上金融危机，公司作价从 2 亿美元、1.5 亿美元、8 000 万美元一路降到 6 500 万美元。要知道这时徐新已经给了京东三次过桥贷款，心里也有点慌。"我记得谈了一个投资人，从 6 500 万美元降到了 4 500 万美元。我给刘强东打电话，说虽然这个价格不好，但是你第一次创业，成功非常重要。可后来对方又变卦了，说只能给 3 000 万美元。当时我就火大了，4 500 万美元已经很便宜了，这样还要降？后来，我们就找到了雄牛，还有我在香港的老朋友 CVC 的梁伯韬，我们也加了 800 万美元，一共 2 000 万美元。那次压力确实特别大，从 2008 年之后，老刘的头发前面总有一撮是白的。"徐新回忆说。

随后就是漫长的持有和等待，京东体量越来越大，却一直在亏损。期间，徐新投资的几家公司先后都出现了一些问题。土豆网上市前夕，因创始人出现婚变而上市未成，最后卖给了对手优酷网。真功夫也是类似的情况，创始人甚至锒铛入狱。徐新当时的压力可想而知，她知道肯定会被问、被质疑，也很少在公众场合露面。

最艰难的那一段是巴菲特的思想在支持着她。"真正伟大的公司是不多的，如果有运气抓到伟大的公司，一定要长期持有。另外，好公司的每一轮融资，你都要往里加钱。巴菲特相信复合增长的力量，关键是持有时间足够长。很多人碰到好公司熬不住，但我特别能熬。"2004 年，徐新还在霸菱投资，就用借来的 30 万美元买了 5 支股票，大部分资金配置在其中两支股票上，就是比亚迪和腾讯。这两支股票，她买了之后，在很长一段时间里再也没动过。

徐新总是觉得一般基金的投资年限太短了，到 10 年就要退出，好企业是可以做百年老店的，在其创立之初投资，8 ～ 10 年就退出了，离收获的时候还远着呢！所以，今日资本要做一个长青的基金，投资期限有 28 年。

2014 年，京东以 286 亿美元的市值登陆纳斯达克时，作为京东最早的投资人、刘强东最早的伯乐，今日资本掌门人徐新以其当年的慧眼识珠，以及 8 年的坚定，彻底打响了中国"风投女王"的名号。

超额回报

风险投资行业向来是男人的天下，然而徐新却是个例外。徐新的投资理念，简单来说主要可以归结为三点：找对人、找对品类、长线投资。

找对人

徐新认为投项目最重要的是投人，她非常看重具有狼性的企业家。在 2015 年，徐新在与《投资界》交流时，透露了投人的三个具体标准。

第一，嗅觉灵敏，有洞察力。有些人确实能够察觉到别人感受不到的东西，先看到别人看不到的东西。

第二，学习能力强。8 年前的刘强东和现在的刘强东完全不同，他进步太多了，现在我们都要向他学习。以前管工程师，他能管理。京东做物流，他要管理一大帮司机、搬运工。那么难管，他也能管得很好，学习能力超强。

第三，领导力。你要能够吸引一帮牛人跟你一起干，带人打胜仗的那种感觉也是很重要的。

找对品类

徐新投资过的娃哈哈、网易、京东、三只松鼠等企业都在品类上有所创新。娃哈哈开创了纯净水品类，网易的《大话西游》游戏开创了大型多人在线游戏品类，京东开创了3C电商品类，三只松鼠开创了互联网休闲零食品类……

长线投资

在徐新看来，伟大的公司本来就是不多的。如果你运气够好，又非常努力，正好撞到家伟大的公司，那么，你就真的要长期持有，在它身上赚很多很多的钱。

"我做了20年投资，最大的经验就是好公司不要卖太早。我相信现在的中国属于财富创造的早期阶段，好日子长着呢，不要把好公司卖了。"徐新说。

一般的基金也就是10年，人民币基金是七八年，今日资本的第一期基金是12年，现在徐新要做一个超长期基金，投资期限为28年。

徐新形容自己是狙击手的投资风格："不轻易开枪，开枪打得比较准。"今日资本成立后，徐新放大了自己特立独行的投资风格，别人一年投三家，她三年投一家。在今日资本成立一年半的时间里未投一单。而前几单里精挑细选的京东最终奠定了今日资本的地位，她挑项目"快、狠、准"的风格也就此确立。

今日资本成立的时候，徐新定了三个投资领域和三个投资目标。在2015年与《投资界》交流时，徐新表示目标已基本完成。

三个领域是互联网（尤其是B2C的互联网）、互联网消费品品牌以及零售。

三个目标：第一，3 个 Home Run（全垒打，棒球术语），徐新的定义是 8 倍的回报就可以算作 Home Run；第二，8 个被投企业变成行业第一品牌；第三，平均持有 5 年赚 5 倍。

第一个目标已经超额完成，仅京东的项目，今日资本就赚了 150 多倍，相宜本草早已超过 8 倍，土豆网也差不多 8 倍。第二个目标也基本完成，今日资本第一期基金投了 15 个项目，有 11 个都在长期积极参与，其中有 7 个已经变成了行业级品牌（截至 2017 年）。第三个目标已超额完成，今日资本很多项目都是 2007 年、2008 年投的，平均回报已达 15 倍。

第五节　京东、腾讯背后的超级捕手——高瓴张磊

"在中国做投资，不适合内心软弱的人。"诚然如此，就像前一节我们讲到的徐新。不过，说这话的是京东的另一位投资人——高瓴创始人张磊。

京东上市前，在中国的 VC/PE 界很少有人知道高瓴资本。即便听过这个名字，也大多把其归到对冲基金的行列里。但 2014 年京东的成功上市使张磊"一夜成名"，让他成了中国投资界赚钱最多的男人。

张磊对京东的投资稍稍晚一些。2010 年，高瓴资本向京东投资 2.55 亿美元。4 年后，当京东 IPO 时，这些股票价值暴增到 39 亿美元。

耶鲁大学捐赠基金

张磊，1972 年出生于河南一户普通家庭，父亲是当地外贸局干部。高考时，他以驻马店地区文科第一的成绩考入中国人民大学国际金融专业。1998 年，他赴美国耶鲁大学求学，后获得耶鲁大学工商管理硕士及国际关系硕士学位。

在耶鲁大学捐赠基金当实习生时，张磊的机会来了。这是一个非常规安排，因为通常需要攻读 MBA 学位的学生担任实习生，但张磊给当时的基金首席投资官大卫·史文森（David F. Swensen）留下了深刻的印象。

耶鲁大学捐赠基金高级主管迪恩·塔卡哈什（Dean Takahashi）说："张磊是个例外，他几乎立刻就展现出与众不同的洞察力，并能够准确确定哪些企业将会取得成功。"在耶鲁大学捐赠基金实习时，张磊被派出研究木材等行业，数周后他就带着厚厚的报告回来。之后，这种严谨的风格也被他引入自己的投资公司。

这些特质也让张磊成为史文森的得意高徒，高瓴资本成立初期的 2 000 万美元启动资金就是来自耶鲁大学捐赠基金。后来，史文森又追加了 1 000 万美元给自己的爱徒，帮助他在国内开展自己的事业。在耶鲁大学的求学经历对张磊来说至关重要。在张磊投资理念的形成期，他深受导师史文森的影响。

对冲基金与长青基金

其实，高瓴资本采用的并非对冲基金的玩法，而是长青基金（Evergreen Fund）的模式。它的特点是不急于退出，公司上市后，只要业务发展前景可期，基金还可以长期持有。"我要做企业的超长期合伙人，这是我的信念和信仰。"因此，张磊一直在"寻找具有伟大格局观的坚定实践者"。

张磊的第一个赌注押在腾讯身上，高瓴资本从 2005 年开始购买腾讯的股票。当时腾讯最著名的产品是 QQ，公司估值还不到 20 亿美元。而今天，腾讯已经成为价值近 1 800 亿美元的互联网巨头。张磊说："现在回想过去，我惊讶地发现腾讯股票如此便宜。"现在，高瓴资本依然持有腾讯的股份。

张磊应该算是刘强东遇到的第二个要得少、给得多的投资人。2010 年，刘强东当时的融资需求只有 7 500 万美元。但是，张磊告诉刘强东："这个生意要么让我投 3 亿美元，要么我一分钱都不投。因为这个本身就是需要烧钱的生意，不烧足够的钱在物流和供应链系统上是看不出来核心竞争力的。"这是当时国内早期互联网企业的投资中单笔投资量最大的案子之一，高瓴也一度被人取笑为"人傻钱多"。

但张磊很清楚什么样的商业模式是最适合京东的，因为京东在他眼中恰似当年的亚马逊，而贝索斯的遗憾正是亚马逊成立时美国已经有了 UPS 这类的物流巨头，因此他丧失了做供应链整合的机会；而在中国，京东不存在这样的对手，因此面临更好的历史机遇。

这恐怕就是高瓴愿意出资帮助京东自建物流平台的原因。时至今日，回头去看，高瓴的这次大手笔投资确实使京东在极短的时间内迅速确立了自己在 B2C 电子商务领域不可撼动的领先优势，甚至在某种程度上震慑了新的资本投向该领域的竞争公司，强化了京东的绝对领袖地位。到京东上市时，这笔投资已经价值 39 亿美元。

高瓴资本投资后的第二周，张磊就带着刘强东去了美国。第一站，张磊带刘强东去了沃尔玛总部，在那里待了四五天，全面了解沃尔玛的物流网络和仓储系统，并很快在京东展开了供应链再造和物流渠道优化。另外，张磊还安排京东的管理层与高瓴资本投资的另一家优秀的线下零售企业大润发的高管团队进行全天的经营管理跨界经验交流，帮助京东团队学习线下零售的管理知识。

在运营上，高瓴资本也帮助京东引进了不少富有经验的互联网运营和营销等方面的高级管理人才。据悉，后期进入的部分投资人，高瓴资本也在其中发挥了作用。张磊找到的人跟他一样，也是具备长期投资能力的投资人。张磊将其称为"邻居风险"，他希望给京东后期引进的投资人也能像高瓴资本一样，没有短期退出的压力，能真正放眼未来，支持公司的长远发展。

2014 年，腾讯曾斥资 2.15 亿美元收购了京东 15% 的股份，据悉，当时张磊也曾在幕后推动。

掌管亚洲最大的投资机构

那时，高瓴资本实现了年化 40% 的收益。作为对比，巴菲特的年化复合收益为 22%，但是已保持了 50 年。张磊是巴菲特的忠实信徒。

在京东之后，高瓴资本的资金管理量迅速攀升，一跃成为亚洲规模最大的投资机构。

"我们是创业者，碰巧还是投资人，和高质量的人花足够的时间，做高质量的事情。挣钱是自然而然的事。"张磊说，"不要脱离现实和生活，不要为自己的成功所束缚。寻找那些有如下特质的人：有好奇心、独立思考、诚实、有同理心。"

张磊深信价值投资，但与传统价值投资哲学不同，他喜欢投资于变化。他认为变化产生价值，并且要投资那些驱动变化的人。他一直在花很多时间研究变化和其背后的人。

很多关注早期阶段创业投资的公司从外面看似乎方向很分散，内部实际很集中。以巴菲特为代表的传统价值投资者不喜欢变化，喜欢有护城河的长期稳定的公司，所以巴菲特的组合是可口可乐、Amex 等。高瓴资本则投资蓝月亮这样常变常新的企业，然后撮合蓝月亮和京东合作，让蓝月亮学习电商和社交媒体，最终蓝月亮在短时间里成为其品类中最大的品牌。

张磊称："在中国投资，不适合内心软弱的人。"但他随后解释道，这里存在着巨大的机遇。如果你有开放的头脑，你就应该重点关注中国的未来。如今在中国这个快速变化的市场，张磊正带领高瓴资本寻觅那些"具有伟大格局观的坚定实践者"。

注：本节部分内容参考了余一、陈飞发表于新浪科技频道的文章《独家起底真格基金：5年300个投资项目表现如何？》，以及《时代周报》的文章《徐小平聚美优品之战：18万变3亿，至今8.8%股份未退出》。

VENTURE CAPITAL

VENTURE CAPITAL

VENTURE CAPITAL

VENTURE CAPITAL

第六章

移动互联网大潮开启（2010—2016 年）

VENTURE CAPITAL

VENTURE CAPITAL

VENTURE CAPITAL

VENTURE CAPITAL

VENTURE CAPITAL

2007 年 1 月 9 日，重新回到苹果公司的乔布斯身着 T 恤加牛仔裤，在旧金山的苹果全球软件开发者年会上宣布并展示了第一代 iPhone，从此开启了整个智能手机以及移动互联网时代。

略晚于美国，2010 年被更多人视作中国的移动互联网发展元年。早有前瞻的投资人们开始撒网捕捉一匹匹快速成长起来的独角兽。

第一节　移动互联网大潮开启

2014 年 12 月 12 日，陌生人移动社交工具陌陌成功登陆纳斯达克，首日股价大涨，市值达 31.74 亿美元。IPO 后持有 26.3% 股权的陌陌创始人唐岩身家已过 8 亿美元，而此时距他带领团队创办陌陌仅有 3 年。

许多人将 2010 年视作中国移动互联网发展元年。随着 2009 年工信部正式发出三张 3G 牌照，这一年，移动数据的流量飙升；同时国产手机厂商也开始推出千元价位的智能手机，与试图抢占市场的三大电信运营商不谋而合地推进着中国智能手机的普及化。

亦有许多人将 2013 年视作中国移动互联网爆发元年。这一年，阿里入股新浪微博，百度并购 91 无线；移动社交 App 微信的用户量破 4 亿，小米手机全年含税销售额达 316 亿元；滴滴与快的、58 与赶集、美团与大众点评之间纷争不断；红杉中国、经纬创投这些早已在移动互联网领域排兵布阵的风投机构们也终于拿起镰刀，准备收获。

"凶猛"经纬

创业前，唐岩是网易门户的总编辑，在网易待了整整 8 年。但平地也会偶起波澜，眼见着同事们一个个与媒体挥手作别，唐岩开始琢磨，要不然自己也出去单干吧？ 2011 年 3 月，在北京霄云中心的一间 100 平方米的办公室里，唐岩带着两位前同事准备开始创作一个叫作"陌陌"的故事。

2011 年 8 月，陌陌正式上线。而在此前半个月，经纬中国就已经在跟进这个项目。后来，经纬中国合伙人王华东在陌陌上市时回忆说："陌生人社交是我们一直看好的，而陌陌的产品又做得不错。"在移动互联网正起之时，在基于地理位置的社交领域，总会有一家公司突出重围。

2012 年 4 月，经纬创投向陌陌进行了首次投资——100 万美元。在此后一年半的时间内，经纬创投再次通过 Matrix Partners China Ⅱ 基金对陌陌进行了三次投资，分别发生在 2012 年 7 月 3 日、2012 年 7 月 13 日、2013 年 10 月 21 日，投资额度分别为 400 万美元、150 万美元、1 300 万美元，累计达 1 950 万美元。

当然，这 1 950 万美元也让经纬创投狠狠赚了一笔。

陌陌 IPO 招股书显示，占股 20% 的阿里巴巴是其最大机构股东，经纬创投紧随其后，占股 19.9%。以陌陌的开盘价计算，经纬创投持有股票总价值达 4.7 亿美元。按此价格推算，经纬创投这笔投资的回报已超过 20 倍。

不只陌陌，猎豹移动、快的、美柚、e 代驾、Camera 360 等移动互联网公司的早期投资方中也浮现出经纬创投的身影，而这其中最常为外人道的莫过于张颖与傅盛的故事。

傅盛是周鸿祎的 3721 公司的第一代产品经理，或者说是整个中国互联网的第一代产品经理。他在 360 带队打造出了被称为足以"功高盖主"的 360 安全卫士，之后在各路明里暗地的揣测中与周鸿祎分道扬镳，甚至两人的恩怨也被放大为改变中国互联网走向的重要指针。如今，他是美股上市公司猎豹移动的 CEO。

2008 年，傅盛从 360 离职。时至今日，这场与周鸿祎的恩怨也没有人敢盖棺定论。而从当年媒体铺天盖地的报道来看，无非是傅盛说周鸿祎难忍手下功高盖主，周鸿祎指责傅盛私开公司。总之，这位 30 岁出头的产品经理突然失业了。

那天，张颖在媒体上看到了傅盛离职的新闻，便要到了傅盛的联系方式，约他见面。这次约见的结果是张颖觉得傅盛这个人有趣，傅盛觉得总算有人看中我了。"你可以来经纬做 EIR，做投资副总，拿薪水，作为在创业前的一个过渡。等你想创业了，我投你。我知道，你一定会去创业。"于是，傅盛顶着经纬创投副总裁的头衔做起了投资，跟着看项目、提建议。

> 后来在多次媒体采访中，傅盛都曾说过这样一句话："别人都说人生需要贵人，我的贵人就是雷军和张颖。"

正如张颖所预言的，傅盛选择了创业。加入经纬创投 11 个月后，傅盛创立可牛影像。当年，张颖也履行承诺，投给傅盛 100 多万美元。2010 年 10 月，金山安全与可牛影像合并成立金山网络（现猎豹移动公司）。2011 年，经纬创投成为猎豹移动的首轮投资方，与腾讯共同投资了 1 860 万美元。

而早先入场的优势让经纬创投在这笔投资中获利颇丰。2014 年 5 月 9 日，猎豹移动在纽交所正式挂牌，经纬创投也因此获得了退出的机会。清科研究中心发布的 2014 年上半年 VC 机构通过 IPO 方式退出回报榜单显示，经纬创投在上半年退出了超过 1 亿美元，投资回报超 80 倍。

短短几年，傅盛带领一家传统的软件公司发展成为移动互联网的明星公司。人们甚至给傅盛冠以新名词——"豹变"。在成功上市后，傅盛开始感谢这个时代："我们一直在做事，只是恰好遇到了风口。"而这个风口恰是移动互联网。

而张颖与傅盛、经纬创投与猎豹移动之于互联网的意义还在于他们创造了中国互联网发展史上的第一例 EIR 案例，即入驻企业家。在入驻 6 ~ 12 个月后，入驻的创业者或企业家可以离开机构去创业，或者回到原来创立的公司并把它做大做强。这就是所谓后来经纬所说的"寻找大象"。

背后的力量

移动互联网大潮里的另一个重要玩家是红杉中国。

2015 年 11 月 21 日，网上开始流传一张被命名为"张涛挥泪离场"的照片，听说是在一场名为"致敬老男孩，青春不散场"的散伙饭上被拍下来的。一个多月前，美团与大众点评合并，美团 CEO 王兴和大众点评 CEO 张涛将同时担任联席 CEO 和联席董事长。但不过几十日便变了天地，王兴担任新公司 CEO，张涛转而担任新公司董事长。在内部信中，王兴谈的皆是重大人事任命，而张涛谈的是情怀与过往。

而几个月前，人们还热衷于分析美团和大众点评，谁将站在 O2O 之巅。其实，美团和大众点评都是幸运的。中国团购公司的数量曾在 2011 年 8 月达到超 5 000 家的顶峰。历经千团大战，到 2014 年上半年，这 5 000 家仅存不到 200 家。美团和大众点评无疑是其中活得最好的，但同时也是最惴惴不安的。身处尸骸遍野的市场，它们也怕死。而它们对于中国互联网更深刻的意义在于，如果将中国的互联网与移动互联网画一条线，团购则是处于那条边界上。它起势之时恰是移动互联网发展之日，美团和大众点评的争夺战也似乎循着中国互联网向移动互联网转型的脉络而来。这两家分列市场第一、第二，在增量市场锱铢必较，在存量市场暗相争夺，搜罗商家资源、给用户大力补贴、频起争端而法庭相见……美团与大众点评的战争不断地烧向每一个有人踏过的角落。O2O 耗资巨大、赌资颇大，再加上两家巨头陷入严重的市场竞争，资金之伤可以想象。

红杉中国，向来被视作这场中国互联网十大合并大戏之一的重要角色。2006 年，红杉中国以 200 万美元投资大众点评，此后又分别在 2007 年、

2011 年、2012 年参与了大众点评的 B 轮、C 轮、D 轮融资。而在手握一大本地生活 O2O 平台的同时，红杉中国又在 2010 年入了美团的局，并且也持续投资。而随着美团和大众点评疯狂的市场争夺愈演愈烈，似乎背后的投资方也觉得此非长久之计。

有人说，这起合并案是在 2015 年 9 月谈成的，而细节的打磨则是在 10 月的一场婚礼上——刘强东与章泽天的婚礼。在这场婚礼的宾客名单上，腾讯马化腾、腾讯刘炽平、高瓴张磊、红杉中国沈南鹏赫然在列，而他们的共同点除了都是京东的投资人之外，他们还分别是美团和大众点评的投资人。

无论如何，这场交易谈成了，美团背后的阿里巴巴、大众点评背后的腾讯、两者背后的红杉中国都开心。而在此不久前，红杉中国刚刚参与了分类信息网站 58 同城与赶集的合并大案。2011 年，今日资本与红杉中国曾共同向赶集注资 7 000 万美元。

在 58 同城与赶集合并的发布会上，58 同城总裁姚劲波坦言，谈判艰难，合并的过程反反复复。他还透露，赶集的股东红杉中国在合并之前也增持了 58 同城的股票。

在红杉中国的盘子里，另一家涉及合并案的则是美丽说，同样是一个同行业老大老二合并的故事，只不过有滴滴与快的、58 同城与赶集、美团与大众点评在前示范，美丽说的分量显得轻了些。

2016 年 1 月，蘑菇街与美丽说宣布合并，合并以换股加现金的方式进行，蘑菇街和美丽说以 2∶1 对价，新公司由蘑菇街 CEO 陈琪执掌，美丽说 CEO 徐易容将只负责美丽说的 Higo 海淘业务。传言中，红杉中国是这场合并背后的推手。

2011 年 5 月，红杉中国曾投资美丽说 800 万美元，2011 年再度跟投。

而除赶集、美团、大众点评、美丽说这几家在 2015 年、2016 年因合并而存在感愈发强烈的公司外，红杉中国在移动互联网领域里还有众多优质筹码。

其中，电商便是红杉中国获利颇丰的领域。实际上，从行业布局来看，红杉中国的触角也早已伸向了娱乐、体育、企业信息服务等领域，同时也获利不菲。

早在十年前，红杉中国就已踏足娱乐行业。2007 年，红杉中国对博纳影业进行了 A 轮投资；2010 年，投资了文化中国，也就是后来的阿里影业；2015 年，又投资了万达影业。"对红杉中国来讲，文化娱乐行业的投资成功率恐怕比互联网行业的投资成功率还要高。"沈南鹏曾说。

2003 年前后，红杉中国重点关注企业软件应用、云计算领域，投资了北森、销售易、容联通讯、明略数据等。

老牌机构蹲守潜伏，大厂战投割据一方

新兴机构跑步入场

移动互联网仍是混战割据状态，一方面不断生成新鲜有趣的细分行业，吸引众多创业者蜂拥而聚，形成所谓行业之争的上半场；另一方面是某些领域行业大格局已定，市场转而进入只属于巨头的下半场。每一个领域中也潜伏着众多机构，殷切地盼望着自己手中的小兽早日变成独角兽。

智能手机显然是移动互联网产业的一个重要领域，其作为移动互联网的终端，扼住了软件的入口。小米则是因抓住了这一风口而成为巨型公司的典型代表。2011 年 8 月 16 日，雷军带着一款智能手机出现在 798 艺术中心北

京会所的舞台中央，这也是小米科技产品的首次公开亮相，雷军讲了这款手机的诞生史、讲了它的与众不同，这也是在为自己的创业开篇。2011 年 9 月 5 日，小米首次预订销售，34 小时预订 30 万台；12 月 18 日，第二次预订，3 小时卖出 10 万台。小米的传奇正式由此开始。从 2010 年 4 月创立之初到 2014 年底达到 450 亿美元的估值，雷军仅花了三年半的时间，早先潜伏的机构所持有的股份也因此价值激增，其中就包括晨兴资本与 IDG 资本。

不止以上提及的几家机构，所有的机构都在不断地抛掷重金押注，分享移动互联网的红利。比如，除小米科技外，IDG 资本还投资了 91 无线、美图、蘑菇街、贝贝网、Bilibili、Enjoy、达令、拼好货等移动互联网公司。除这些老牌机构外，一批 2013 年之后成立的新兴机构也抓住了移动互联网的发展机会，比如投资了蘑菇街、贝贝网的高榕资本。

在移动互联网的发展过程中，另一大不可忽视的力量就是 BAT 巨头。它们一面壮大着自身的移动互联网业务，一面又投资着众多移动互联网公司，甚至参与着大型公司发展走向的制定，在滴滴与快的、美团与大众点评的合并中都浮现出了阿里巴巴和腾讯的身影。

移动互联网的浪潮曾涌现层出不穷的神话吸引着、拖拽着人们走向创业，也会有更多的举目萧索与所见皆空让曾经奋不顾身的人唯恐避之不及、慌乱逃离……

第二节　"雷布斯"背后的男人：刘芹的阳谋

"与雷军相识，是我投资生涯成长过程中的一个幸运机遇，他是我的良师益友。与他的深度交流，打开了我的眼界。"自 2012 年至今，晨兴资本合伙人刘芹主投的欢聚时代、迅雷、UC 等公司先后上市或被巨资收购，而 UC、欢聚时代、小米均与雷军直接相关。在此前的采访中，刘芹也不讳言这个已被人观察到的事实：他的成功与雷军有直接关系。

晨兴资本本来是香港陈启宗、陈乐宗兄弟的家族基金，2007 年在刘芹等人的提议下成为开放式基金。刘芹在这个基金里一做就是近 20 年，从一个"拎包人"成为合伙人。

从武钢到晨兴

进入晨兴资本，看似偶然，实际是刘芹对自己人生的清晰规划。

1993 年，20 岁的刘芹就大学毕业了，所学的工业自动化专业虽说是工科，但还要学习理科的内容，包括计算机、电子电路、系统控制理论等，非常跨界。因为父亲在武钢，他毕业后就被分配回了武汉。

刘芹在工厂里做生产线的自控系统，这段经历让他明白了什么是真实的社会。刘芹很焦虑，这种焦虑感来自没有变化，一眼能看到 20 年后的自己。加上那时很多同学考研、出国、还流行去深圳等，刘芹开始思考自己的人生。

年轻是最强的资本，就算选错了也没什么损失，失败了可以再来。

"我觉得自己应该出国。"24 岁的刘芹去了中欧商学院读书，选择了商学院，就像之后选择做投资一样，让他逐步认识了自己。每一次的选择，刘芹都有极强的好奇心去了解一些未知的东西。慢慢地，他意识到自己对跨界、未知的事物有着强烈的兴趣。

因为学习的原因，刘芹接触到了 PE，接着又赶上了互联网。互联网对他内心的冲击感，就像迎来了新的工业革命。快毕业时，刘芹曾到一家当时在上海挺有名的互联网公司——亿唐兼职，"做兼职，试一试"。最终，内心热情澎湃的刘芹去了晨兴资本。

晨兴资本是一个很独特的投资机构，是陈启宗、陈乐宗兄弟用自己家族的资金做投资，从 1998 年开始做互联网投资。晨兴资本的团队经历了互联网的发展，2010 年时，刘芹曾经总结道："我认为，整个互联网发展的第一波技术驱动是 1999 年开始的媒体变革，第二波是搜索引擎这些新的技术。"

后来在刘芹等人提议下，陈氏家族同意把晨兴资本由家族基金变为开放式基金，这是事关晨兴资本发展的重要决策。

"投资其实挺难做的，但也是一件极有意思的事，会让你用一个不同的视角看待事情。我做每一份工作都很勤奋，无论在武钢还是亿唐，我觉得自己是一个蛮勤奋，容易让 大家看到一定闪光点的人。"2002 年下半年，刘芹去晨兴资本还不满一年，互联网泡沫就破灭了。

和刘芹一样，晨兴资本做事情有一个特点，就是非常务实勤奋，不浮躁，总能把一个事儿做出一个结果来。2001 年之前，晨兴资本投了搜狐、携程、第九城市。其实死了很多项目，但是这三个很幸运，"我在那个阶段是刚进去，做学徒，找项目，做推介，讨论。"刘芹曾回忆说。这大约也是媒体总结"拎包人"的由来。在所投项目没有结果的那些年里，刘芹从未放弃这个行业一定会给有能力的人回报的信念。

慢慢地，刘芹从年轻有热情但不太有经验的书生，逐渐蜕变成一个久经考验的投资人。虽然行事作风一向低调，但优秀的战绩已让他的光芒无法再被遮掩。2004 年之后，他开始加大对投资的专注力，投了聚众、迅雷。那时候，石建明也投了正保远程教育，就是中华会计网，后者后来在纽交所上市。2007 年，刘芹又投了多玩、UC。

VC 的意义在于推动社会进步，陈氏家族的价值观深刻地影响了刘芹。

关于投"好孩子"还是"坏孩子"，晨兴资本的原则是"守正出奇"。"正"是指价值观、战略、好的方法；"奇"是指创新的意识、巧劲儿，能聚焦、快速推进、懂得偷袭。太乖的"孩子"做不好企业；但只有"奇"，没有"正"，同样做不好。

投资小米赚了 200 倍，迎来五源资本

2010 年 4 月，小米公司正式成立，是一家专注于高端智能手机自主研发的移动互联网公司。

小米有七位创始人，包括创始人、董事长兼 CEO 雷军，联合创始人兼总裁林斌，联合创始人及副总裁黎万强、周光平、黄江吉、刘德、洪锋。

与雷军相识，算是刘芹投资生涯中的重要时刻。他曾描述道："与雷军相识，是我投资生涯中的一个幸运机遇，他是我的良师益友。与他的深度交流，打开了我的眼界，使我看事情的高度变得不同。"

2011 年 7 月，小米获得 4 100 万美元 A 轮投资，晨兴资本、启明创投、IDG 资本和创始团队共同投资，当时估值 2.5 亿美元。

2011 年 12 月 18 日，小米手机第二轮开放购买，3 小时内售出 10 万台。刘芹认为："在正确的时间点选择以'发烧'为概念所做的产品来进行用户卡位，加之产品本身的品质过硬，这条成功路径，即使有资本更为雄厚的后来者希望复制，亦很难达成同样效果。"

2014 年 12 月第五轮融资时，小米估值达 460 亿美元。粗略估计，A 轮投资人已赚了近 200 倍、数十亿美元。

雷军做小米之前，为了拿到 500 万美元的融资，与刘芹聊了一个通宵。当时小米只有两三个人，刘芹就已经决定要投它。据雷军自己说："把 3 个手

机都打没电了。"一家市值 450 亿美元的"独角兽"、一位名流创投圈的天使投资人，在一个通宵的电话中应运而生。

"雷军从金山 CEO 的位置辞职时，我就知道他内心深处还是想做一件对得起自己的伟大的事情。这种内心的很强的驱动力，就是他的使命感。雷军有一点特别让我感慨，他对创业抱有相当的敬畏之心和成熟的心态。"刘芹表示，"就项目本身而言，小米的崛起是十年一次的产业机遇。我们一直都不认为小米是一个纯手机硬件公司，它其实是一个互联网用户公司，手机只是一个载体，最终要塑造的是一个生态。"

后来，雷军在接受《外滩画报》采访时谈道："原来我们准备叫大米，后来刘芹说不能高大全，就变成小米了。"

小米是刘芹与雷军之间被公众最为熟知的联结纽带，但小米并非他们故事的开端。两者的相识起源于迅雷。2003 年，邹胜龙辞掉工作，从美国回到中国，正式成立深圳市三代科技开发有限公司（2005 年更名为"迅雷"），刘芹钦佩邹胜龙的果敢，但由于时下刘芹正在做媒体方面的业务，所以没有在第一轮进入迅雷融资，转而将其推荐给了雷军。

此后，刘芹与雷军成了亲密往来的投资搭档，UC、欢聚时代都是雷军推荐给刘芹的成功案例："我们那个时候在一起互相探讨很多项目，我觉得我跟雷军在一起工作，有一种一加一大于二的感觉。我们并没有约定我的项目你一定要投，你的项目我一定要投，是蛮自然的互相吸引的过程。"

刘芹一度被认为是一位"认识雷军的幸运儿"。但这份"幸运"的背后是能力，毕竟在认识雷军的众人里，能够相互认可的却寥寥无几。没有跟着雷军投资凡客被当作"刘芹并非靠雷军"的依据，刘芹对此坦率回应："我们整体上对电商没有激进地押注，也许我们当时的保守就是错的。我们确实没有投凡客，但是我们也同样错过了京东。"

和有些投资者不愿见早期创业者不同，刘芹在互联网、媒体、游戏娱乐、消费服务等领域投资了许多早期项目，业界因此形容他有双精准的眼睛。对此，刘芹推说是运气，但如果完全将他的成功归于运气，也缺乏说服力。

至今，刘芹从事投资超过 20 年。2020 年 10 月，一个重要转折点出现，晨兴资本正式更名为"五源资本"。此后，"晨兴资本"这个名字成为历史，刘芹、石建明率领的投资队伍，将以五源资本的身份重新起航。

在刘芹看来，投资是一门值得终身奉献时间并持续学习的职业。它需要大量的数据，不断试错，最终总结出简洁而优美的原则来指导投资的复杂变量。"只花时间在值得的方向和优秀的创业者身上，成为最理解他们的人，全力以赴地帮助他们"是刘芹经常告诫自己的一段话。

创业者 & 投资人雷军

雷军 18 岁的时候，在大学图书馆邂逅一本书，就是《硅谷之火》，其中记录了苹果高速成长的青春岁月，他大概在那时候就有了创业的情结。

1992 年初，雷军加入金山公司。1998 年，联想集团以现金和商誉折价注资金山 900 万美元，从而持有金山 30% 的股权，成为单一最大股东。杨元庆出任公司董事长，求伯君担任公司总裁，雷军出任公司总经理。

无论是联想还是金山，当时都面临进入互联网时代的命题。互联网席卷了每一个人，而对从业人员的冲击更大。1999 年 1 月，雷军在金山内部设立了一个小团队做卓越下载站，后来决定转型做电商。2000 年 5 月，他创立了一个新公司叫卓越网，最初定位是网上第一音像店，很快拓展到图书等产品，成为国内领先的电商公司。

2004 年 8 月 19 日，亚马逊宣布已签署最终协议收购注册于英属维尔京群岛的卓越有限公司。卓越有限公司通过其中国子公司及关联公司运营卓越网站。之前卓越获得了老虎基金的注资。

对这一次互联网创业，雷军有自己的反思。他认为，那时候他还是用传统思维看问题，把互联网定义为一个卖东西的工具，只看到"鼠标加水泥"的流行风潮，而没有预见到网络游戏中的机会。

2004 年，雷军尝试了人生中第一笔投资——投资拉卡拉。公司的创办人是连续创业者孙陶然。

"雷军基本上相当于拉卡拉的半个创业团队。"后来，孙陶然在接受《21世纪经济报道》采访时指出，拉卡拉创业初期的许多创意和模式都来源于他们共同的探讨。

雷军很快进行了第二笔投资。欢聚时代公司记录道：2005 年 4 月，多玩游戏网由李学凌先生成立于广州，同期获得雷军先生天使投资 100 万美元。

2007 年 10 月 9 日，金山软件在香港联交所挂牌上市。

雷军在 2007 年 12 月辞任金山首席执行官等职位，担任金山公司副董事长。"目前，公司进入了一个前所未有的稳定持续成长的新阶段。经过一段时间的冷静思考，我认为目前自己到了可以从日常工作中脱身的时候。"雷军在当时的声明中这样说道。

据 2016 年的资料显示，自 2004 年起，作为天使投资人和顺为资本创始合伙人，雷军共投了移动互联网、电子商务、互联网社区等领域的 27 家创业公司，彼时已有 4 家成功上市——登陆港股市场的金山软件（03888.HK）、登陆纳斯达克市场的欢聚时代（YY.NASDAQ）、登陆纽交所的猎豹移动

（CMCM.NYSE），以及登陆纳斯达克市场的迅雷（XNET）。

至近几年硬科技时代，雷军依然活跃在一级市场，他旗下的小米战投、小米产投、顺为资本密集出现在半导体、新能源等赛道，投出了一个超乎想象的庞大版图，也成为创投圈一支极具战斗力的力量。

注：本节部分内容参考引用了郦晓发表于天下财经网站的文章《聚焦刘芹：天使雷军身后的风险投资人》。

第三节　GGV纪源资本的崛起，铁三角组合初现

成功的风险投资机构中，往往有稳定的投资团队组合。比如红杉中国的沈南鹏、计越、周逵三人组，IDG资本最早的"七长老"。在新生代的VC组合中，GGV纪源资本的铁三角算得上是业内第一组合。三位合伙人——符绩勋、李宏玮、童士豪都是业内的明星投资人，都投资过独角兽公司，常年入选福布斯全球风险投资人榜单。

李彦宏的"伯乐"

2000年初，作为德丰杰全球创业投资基金投资总监的符绩勋在嘉里中心见证了中国互联网群雄并起的时代，其中就包括李彦宏和他的百度。

"他深知荣业为家庭所基。"符绩勋回忆说，李彦宏在创业阶段的前三年将家人留在美国只身回国创业让他印象深刻。2000年，在天使投资半年后，百度开始寻找A轮投资人，德丰杰是其中之一。在美国同事的引荐下，身在新加坡的符绩勋和李彦宏在视频上见了第一面。

在德丰杰美国办公室，李彦宏通过视频简单介绍了他对百度的定位和未来市场发展前景的看法。对于这样一家搜索公司，符绩勋最初的感觉是"很

难评估该业务的市场价值"，但同时他也指出，在当时中国互联网创业高峰期的第一阶段，门户网站是大家关注的焦点。新浪等公司吸引了太多目光，搜索引擎则是一个拥有巨大潜在价值但却未被资本重视的"杀手级应用"。

Inktomi 给了符绩勋一个参照物。这家公司的市值在 2000 年曾达 130 亿美元，它让符绩勋相信搜索引擎将会是互联网行业的下一个"蓝海"。这种判断在日后被 Google 所证明，不过它取代的正是 Inktomi。

"你无法确定百度在中国是否能取得如同雅虎当年一样的成功，但可以肯定的是，中国的互联网发展需要这样的一个平台。"在当时，符绩勋看重的是日益增长的中国互联网用户数和他们不断扩张的需求。

投资百度要比想象中的简单，几乎没有什么讨价还价。李彦宏当时要求 800 万～ 1 000 万美元，德丰杰最后领投了 1 000 万美元。这已足够李彦宏和他的团队在中国市场有所作为。在符绩勋的眼中，百度当时对资金的使用是谨慎的，后期的融资更主要是用作防御性考虑。

2008 年 3 月，符绩勋领衔的寰慧资本同卓福民领衔的思格资本两支合伙人团队合并成立了 GGV 纪源资本。2009 年是他们的投资季，这一年也是符绩勋眼中的疯狂的年景，因为金融危机的出现让公司价值相对被低估，从而成了投资人狂欢的时刻。2009 年，值得这家基金拿出来宣布的项目包括符绩勋主导投资的在线旅游垂直搜索网站"去哪儿"、卓福民主导投资的太阳能公司大全新能源和保健茶公司碧生源。

雷军的伯乐

提到童士豪，外界往往少不了冠以"雷军伯乐"的名号。投资小米是童士豪的经典案例，不过不为人知的是早年的童士豪还是一位连续创业者。出生于中国台湾的童士豪 13 岁去了美国加州，大学就读于斯坦福，毕业后在硅谷工作，而后转战纽约，就职于美林证券投资银行。

在美国多年的学习、工作经历，使童士豪的性格里多了些美式元素。他说话声音洪亮、充满自信，也追求自由、敢于尝试。在投资银行工作了几年后，童士豪开始尝试创业。从 1999 年到 2003 年，他曾两次创办互联网公司。后来，一家卖给了新加坡电信公司，另一家卖给了美国电信公司。

虽然都谈不上非常成功，但是他却开始结缘创投。"通过两次创业，我积累了很多东西，因为如果不亲身尝试，你根本不会知道经营公司和管理人才的困难。"童士豪回忆道，"创业时，当你有一个想法，努力把它实现时，你会发现起初的想法其实只占所有要做的工作的 1%，后面还有很多没有想到的问题需要解决。"

随后，他加入了美国硅谷的 BVP 投资公司和启明创投，开始关注在华投资业务，这为他开启了人生的另一扇窗。在启明创投期间，童士豪结识了还在金山的雷军，并毅然投资了雷军创立的小米。

先认识雷军后投资小米，童士豪对小米的投资更多是看重雷军这个人。雷军刚创立小米时告诉童士豪自己要做手机，童士豪的反应是不可思议。不过，通过与雷军一起讨论，童士豪认为这个事情可行，于是主导了对小米的早期投资。

童士豪与雷军观点一致："将来电脑很可能会被手机代替，而未来十年最大的客户端也会是手机。中国会不会有自己的 HTC 或者苹果，这个事情谁都不能说没有可能。"雷军颇有理想主义色彩和冒险精神的做法与崇尚激情的童士豪不谋而合。带着这样的梦想，童士豪选择成为小米科技的投资人。

2013 年 8 月，童士豪离开启明创投加入 GGV 纪源资本，从专注中国本地投资到横跨中美看项目。作为同时熟悉中美互联网的投资人，童士豪加盟 GGV 纪源资本后，在很短时间内适应了环境，并一连拿下多个项目。

童士豪认为，世界互联网格局正在发生变化，过去十多年中国互联网完成了原始积累，已经成长出许多"独角兽"公司。这些公司在中国庞大的消费市场中历经磨炼，许多经验可以复制到其他市场中去。同样，美国新兴的互联网技术与应用同样给中国企业许多启示，其中的机会正是童士豪所看重的。

从战斗机设计师到投资"女皇"

李宏玮进入 VC 圈颇有些传奇色彩。1995 年，她进入了新加坡航空航天科技部，担任主任工程师。她热爱战斗机系统升级工作，喜欢与战斗机飞行员及工程师们探讨技术及未来的发展趋势。在工作了五年之后，她进入美国西北大学凯洛格商学院，攻读工商管理硕士（MBA）学位。

李宏玮本科就读于康奈尔大学，那里有着非常开放的选课模式，好奇心旺盛的李宏玮在本科时一有机会就跑去 MBA 的课堂旁听。"当时我比较关注的一门课是关于一个创业班的，进来的学生都有着创业想法，大家在一起交流创意，写商业计划书。更吸引我的是，这门课的老师都是曾经颇有成就的创业者，以实际案例来讲述，既有体验，又有分析，非常棒。"

正是在这个时候，李宏玮开始对 VC 产生了兴趣。过了不久，MBA 班一位教授的话给了她许多启发：如果希望未来在风险投资这个行业做好，一是纯技术派从底层积累经验；二是直接进企业——尤其是大企业亲身经历其模式，感受其组织架构。

立志成为一位出色风投家的李宏玮在 2002 年选择加盟了集富亚洲。"投资银行内部往往竞争多于合作"。曾有一段时间，李宏玮每天甚至只能睡两个小时。不过这种"魔鬼训练"对初涉投资银行业的她却是一笔宝贵的财富。

到 2005 年 6 月离开前，李宏玮在集富亚洲期间主要参与投资了大连海辉、兆日科技、新进半导体、APM（葵和精密电子），美国的 Erlang、Codent 和北京博动等 7 家公司。2005 年 9 月，李宏玮代表 GGV 纪源资本投资了方兴东的博客网（Bokee）。尽管现在饱受非议，但是从 2002 年 8 月成立后的三年时间里，博客网一直是行业翘楚。这也是李宏玮选择投资博客网的初衷。"互联网行业的诱惑太多，领导者很容易忘却自己安身立命的根本而迷失方向。"

这位曾经的战斗机工程师坦言，由于做战斗机设计牵扯很多细节，比如机动性、速度、空中战斗力等，不能有丝毫懈怠和粗心，自己养成了精益求精的工作作风。"做风险投资亦是如此，很小的细节往往决定成功与否，我多年来之所以能够游刃有余地做着风险投资，主要得益于那段做战斗机研发的日子。"

第七章

VC 裂变（2013—2016 年）

2005 年左右，中国 VC 行业曾经历一次裂变：沈南鹏、阎焱、徐新、张磊纷纷设立新的基金，催生了红杉中国、赛富亚洲、今日资本、高瓴资本……如今，彼时孤注一掷的青年已成投资圈众人仰望的大佬，他们创立的机构也声名显赫、如日中天，他们的出走与新机构的成立也由此改变了中国整个创投圈的故事走向。

　　若干年后，群英扛鼎，鸿鹄再举，一批新生代投资人效仿着他们的前辈们，从老牌基金中出走，创立新基金，数量大，频度高，几乎每个月都有明星投资人离职单干的消息传出。

第一节　VC 2.0 时代

2013 年 9 月的一个晚上，在北京三元桥附近的一家餐厅里，张震、高翔、岳斌大醉了一场。几天后，这三人正式向 IDG 资本请辞。离职前，张震和高翔是合伙人，岳斌是副总裁。但这场出走，并不是很早以前就有的打算。

互联网新贵的迅速崛起，财富效应的疯狂示范，让 LP 的群体开始有节奏地更迭，也由此在极大程度上改变着投资行业。美国的老牌基金已经嗅到这一趋势，开始了基金内部的变革。张震和高翔也看到了这一点，他们开始在 IDG 资本内部主张另成立一支子基金，单独融资。这支基金的投资风格比以前更激进。但由于种种原因，这份愿望未能实现。出走创立一支新基金，可能是他们想到的最好的选择。

很久之后，高翔依然记得离职的那天。早上，他早早地收拾好了物件，随后敲开了 IDG 资本"七长老"之一、周全的办公室的门。"（他说）最不希望看到你们出去了又做得不好，如果做得不好，还可以回来。"高翔回忆说，当时的场景就好像长辈看到孩子去闯荡江湖，不舍有之，惦念有之。后来，IDG 资本的几个合伙人也共同出资，成为新基金——高榕资本的 LP，"扶你们上马，走一程吧。"

尽管这三人的投资生涯合起来已超 30 年，有漂亮的履历与投资成绩做背书，有老东家的支持，但起步阶段的高榕资本依旧很难。他们是这波出走浪潮的第一批踏浪者，十年前的前辈们的拓荒经验已有些不合时宜，此外，再无先例可循。"在那个时间点，我自己也不知道，出来做基金到底能做到什么样的程度。"后来，张震说那段时间心理落差真的很大。"那时候要钱没钱，要人没人，要项目没项目，甚至没有办公室。差不多有 6 个月的时间，我们就在威斯汀酒店的大堂办公，那里的服务员都认识我们了。"

但后来，人们发现，高榕资本抓住了最好的节点。

虽然起初在募资的谈判过程中也曾忐忑不安，但结果是他们拿到钱了。在组建公司后，高榕资本仅用 3 个月就完成了 2 亿多美元的首期美元基金募集。一位投资人在决定给高榕资本投资时这样说道："虽然是首期基金，却不是首期团队，更不是首期投资者。"及至 2015 年末，管理着 3 支美元基金、2 支人民币基金的高榕资本总管理资本量已超 8 亿美元。

而正如此前他们设想的，互联网刺激着财富新贵的产生，这群人受益于互联网，也愿意再将财富增值的需求交给互联网，他们将是最好的基金投资者。由此，高榕资本推出了中国的 Founders' Fund——创始人基金，寻找资金与资源两手在握的互联网新贵——大型互联网公司的创始人或企业家，在国内，他们是首家系统化做这件事情的基金。如今，高榕资本的 LP 一半是全球顶级的机构投资人，一半是腾讯、百度、阿里巴巴、小米、分众、土豆、搜狐、京东、唯品会等 TMT（科技、媒体和通信）公司的创始人和企业家。

在此后的数年间，这家拥有强大资本助力、赶上了好时机的新基金迅猛发展，当然，还有他们对趋势和企业的敏锐判断。在创立高榕资本之前，这几位合伙人曾主导投资了小米科技、91 无线、3G 门户、土豆、雷蛇、暴风影音、蓝港、吉比特、刀塔传奇等 TMT 领域的优质公司，眼光与决断，他们从不缺少。成立之后的高榕资本迅速跟进了蘑菇街、华米科技等明星企业，同时也在搜罗着他们眼中的未来的独角兽。

体量、资源、投资项目，他们打出的任意一张牌都远超过一支所谓"刚成立的基金"的水平。逐渐的，这支一直以来被冠以"新生代 VC"的基金也正悄悄地去"新生代"。

源码资本是另一家备受关注的新基金。

2014 年 4 月，曹毅找到王兴、张一鸣，告诉他们自己打算成立一支基金。一个月后，这只新基金——源码资本就完成了 1 亿美元的募集。2015 年 4 月，源码资本宣布成功完成了二期基金募集。除一期基金包括的美股、港股上市公司 CEO 继续投资之外，7 位 A 股上市公司 CEO、国际知名机构投资人也成为源码资本二期基金的投资者。这一次完成 1.5 亿美元、2 亿元人民币的资金募集，源码资本仅用了 2 个月。

与高榕资本浓厚的互联网基因相同，曹毅的身边也聚集着众多互联网新贵。在成为源码资本创始合伙人前，曹毅是红杉中国的副总裁，更早之前，他曾就职于联创策源，投出了今日头条、酒仙网、美丽说、豆瓣、融 360 等新一代互联网明星公司，与这些公司的创始人、CEO 保持着良好的关系，被称为"互联网新生代"的带头大哥。

曹毅将这种江湖资源聚拢起来，成立所谓的"码会"。每个人既是资源分享者，也是利益获得者，是机器的关键按钮，也是联结的重要纽带。如王兴、张一鸣、姚劲波、李想、李一男，如今都已是码会的重要成员。曹毅曾分析说："互联网行业的资金正在变得越来越多，企业上市之后，创始人以及高管开始考虑如何配置他们的资产，他们认为最好还是反哺这个行业，这是他们热爱的，也是无限看好的具体行业。"如此，众多互联网企业创始人、高管逐渐加入了源码资本的 LP 队伍，也让源码资本借此可将触角延伸至整个中国互联网的庞大网络。这些或许就是源码资本募资之快的最好解释之一。

高榕资本与源码资本是这场 VC 巨变中的两个代表，而这场 VC 行业的自我革命比想象中的更要轰轰烈烈。

2014 年，原达晨创投合伙人、副总裁傅哲宽创立启赋资本；原戈壁创投合伙人童玮亮创立梧桐树资本；原华兴资本执行董事刘浩、原联想之星副总裁丁亚猛创立浩悦资本；原昆吾九鼎合伙人禹勃创立中钰资本……

同年，原 DCM 中国投资副总裁胡博宇、原 GGV 纪源资本投资副总裁胡磊创立蓝湖资本；原鼎晖高级合伙人王晖、软银资本合伙人赵刚、景林资产董事总经理朱忠远创立弘晖资本；华泰联合董事长盛希泰与新东方董事长俞敏洪创立洪泰资本；原鼎晖创投高级合伙人晏小平、凯雷董事总经理韩大为创立晨晖资本……

2016 年下半年，胡博宇独立成立 XCapital.

及至 2015 年，趋势更盛，VC 裂变进入高峰期，数十位中坚力量的明星投资人离职创立新机构。刘二海、黄晓黎、李丰、戴周颖等知名 GP 纷纷自立门户，几乎每个月都有此类消息传出，已经形成的行业格局正渐渐被涌入的新基金改变。

当然，这些刚诞生的新基金也祭出了与他们的前辈不一样的玩法。原 IDG 资本合伙人李丰创立的峰瑞资本就是其中之一。

2015 年 8 月 16 日晚，在北京南河沿大街的一处四合院里，一场名为"峰瑞资本成立"的发布酒会正在举行。但来者显然都早已知道了这个消息，他们好奇的是近来传闻颇多的李丰与 IDG 资本之间复杂微妙的关系，以及"打破传统 VC 所有约定俗成的规则"是什么路数。

推杯换盏之余，李丰启用了他的新头衔——峰瑞资本创始合伙人，介绍起颠覆 VC 法则的新基金的三张牌。

具体说来，第一，引入了对赌条款。按照传统 VC 法则，GP 和 LP 是二八分成，GP 还会收 2% 的管理费，峰瑞资本则加入了"绩效考核"，3 倍回报之内退管理费；3 ～ 5 倍拿 25% 的 carry（超额收益分成）；5 倍以上，30% 的 carry。

第二，社会化 LP。将投资门槛降到 100 万元人民币，并提供跟投优先权、LP 群、"透明投资过程"等一系列会员专享服务。

第三，推荐项目拿 carry，外部人员推荐成功后可拿 5% carry，执行团队拿 5%；内部人员推荐成功后可拿 8%，执行团队拿 2%。

这一玩法在理论上可激励团队、减小募资压力、拓宽项目源渠道，而另一面这种革掉 VC 老传统的做法也颇受非议，逐条击破其可行性的分析亦时而有之。但无论怎样，峰瑞资本的这种打法又掀起了一番波澜。

无论是跳出来的新基金的主动变革，还是老牌基金的被动转身，它们都以自己的姿态推动着创投行业轰轰烈烈地向前。几年后，中国创投又将进入一个新的时代。

除了明星投资人自立门户外，这两年还有一些投资机构出现裂变，分拆成两三家机构。

一个典型的例子就是江苏高投。2014 年，国资背景的江苏高投国企改制，拆分出毅达资本和邦盛资本。毅达资本承接江苏高投以往的全部投资业务；邦盛资本另起炉灶，独立募资并接下了拥有百亿元规模的新基金——沿海产业投资基金的管理任务。两家机构在投资决策和回报分配上都采用了市场化运作机制。

青云资本分家的消息于 2014 年放出，实际发生则在 2013 年末。青云资本是清洁能源和环保领域的一家知名的专业化投资机构，同时拥有美元基金和人民币基金。由于投资导向不同，虽然在同一行业，但是协同作用并不明显。因此，青云资本的人民币基金被分离出来，取名青域基金，分家后双方都获得了更多自主权以及灵活度。

这些 2.0 时代的 VC 机构的特点是创始合伙人通常拥有非常丰富的投资经验以及漂亮的投资履历；长期在一线看项目，风口敏感度高；新机构投资决策机制灵活。

此外，2.0 时代的 VC 对于投资领域有一定的聚焦，并逐渐走向行业专业化。比如，鼎晖高级合伙人王晖和软银中国合伙人赵刚创办的弘晖资本、华兴资本执行董事刘浩和联想之星投资副总裁丁亚猛创办的浩悦资本，都是专门投资医疗健康领域的专业化基金。

"这是市场上供需匹配的自然选择。"时任红杉中国董事总经理王岑认为，不少新基金的诞生其实是投资市场的补位，当原有的机构无法满足新兴创业者的需求时，市场上就会诞生新的供给方。

2016 年，人们发现，离职创业的投资人开始呈现新的特点。第一，几乎每一个消息都极具重量，连成了行业发展的另一条主线；第二，选择出走的人大多来自外资基金。

VC 基金在 2016 年不时传来中国区基金高层变动的消息。至于去向，或荣誉退休，或关闭中国区业务，或关闭原品牌另起炉灶，总归都是设立新的本土创投机构。

2016 年 4 月 1 日，IDG 资本对外发布了一条消息——"23 年，IDG 资本有了首位荣誉退休合伙人"，正式宣布 IDG 资深合伙人章苏阳成为 IDG 资本的首位荣誉退休合伙人。退休之后，章苏阳将以创业导师的身份继续为创业者提供服务，也会继续为 IDG 资本的发展建言献策。时隔两月，章苏阳宣布创立新的投资公司，取名火山石资本。IDG 资本是最早承诺投资火山石的机构 LP，在火山石资本至今已投资的多个项目中，也包括几个与 IDG 资本合投的项目。

2016 年 3 月末，在一场发布会的嘉宾名单上出现了一个新的机构名字——沸点资本，代表沸点资本参会的是其创始合伙人于光东。而在当时也有业内人士向投资界网站透露，此沸点资本正是原高原资本中国基金董事总经理涂鸿川牵头与于光东共同设立的，涂鸿川已告别供职十年有余的高原资本。

2005 年加入高原资本之后，涂鸿川一手开拓了高原资本在中国的投资业务。这十年间其奉行着狙击手打法，只投了 9 个项目，成功率达 80%，IRR（内部收益率）更是高达 62%。而高原资本在来华的十年间，几乎一直保持着两人的团队，早期是涂鸿川和叶冠泰，后叶冠泰加盟启明创投，姚亚平加入高原资本担任董事总经理。而据悉，姚亚平也有参与沸点资本的创立，这意味着高原资本中国基金已经关闭，高原资本退出中国市场。

另一高层发生变动的是光速安振。2016 年 6 月 6 日，光速安振董事总经理曹大容发布公开信回应个人动向，宣布创立云九资本。此外，宓群所负责的基金也更名为光速中国，在 2016 年 6 月初正式宣布筹备一期基金，之后又更名为光速光合。曹大容此番创立新基金，还有原光速安振的一名执行董事和一名副总裁加盟，而这意味着两位合作多年的搭档也正式开始各自的投资生涯。

除了离任设立新基金，外资基金之间也正进行着高层流动。DCM 中国联合创始人、董事合伙人卢蓉在 2016 年 5 月透露，其已经加入原老虎基金合伙人陈小红创立的 HCapital。此后在 2019 年，消息再次传来，卢蓉创办了早期投资基金 Atypical Ventures。

不只 VC 基金，外资 PE 基金近几年也有重磅人事变动消息，其中就包括两大全球顶尖私募股权机构中国区负责人的离任。2016 年除夕前，美国华平投资集团董事总经理、亚太区总裁黎辉离职消息传出。此时距离他在 2015 年 7 月从孙强手中接掌华平中国区不过半年有余，况且，华平还正处在它的高峰期。2017 年 2 月，黎辉执掌的大钲资本问世。

另一更为重磅的 PE 机构大佬也选择在 2016 年离开。2016 年 8 月 30 日，KKR 官方宣布，KKR 全球合伙人、KKR 亚洲私募股权投资联席主管兼大中华区首席执行官刘海峰将于 2016 年底离任，与他一同离开的还有另一位全球合伙人华裕能，他们将共同创建自己的私募股权投资公司。此前，一位私募股权投资行业资深人士在与《投资界》交流时，曾评价说："在超过 23 年的投资历史中，刘海峰和华裕能领导过多项富有开创性的投资项目，取得了中国市场历史上最长期和成功的投资业绩之一。"同样在 2017 年，刘海峰创办了德弘资本。

从外资 PE 基金离任创立新机构也符合此前外资 PE 基金大佬们离职后的常规路径。美国华平投资集团前亚太区主席孙强 2015 年创立了黑土地集团，设有黑土地基金，专注农业投资；2017 年加入 TPG 集团，出任中国区管理合伙人；更早之前，原 TPG 高级合伙人单伟建出任太盟投资集团董事长兼首席执行官，原 TPG 合伙人马雪征创立博裕投资。

外资基金的另一个现象是 LP 似乎已经更早于 GP 离开外资基金。2015 年底，雅登投资公司（Adams Street Partners, LLC）宣布，苏亚平（Yar-Ping Soo）将承担领导公司亚洲投资团队的职责。此前担任此职务的王彪文（Piau-Voon Wang）已提升为高级顾问。直到 2016 年 4 月，王彪文离任雅登投资公司后的去向终定——空降诺亚集团旗下以母基金业务为主的歌斐资产，出任合伙人；之后又履新君联资本。

可以看到，无论是 PE、VC，还是 FOF，一批由行业内资历背景极其深厚的大佬们所创立的本土机构正应声而起。

本土创投的自我调整

外资基金体系正酝酿出更多的本土创投，而本土创投自身经过长久以来的积累发展，也正步入一个调整期与更新期。

一个现象是中国创投行业经历了二十余年的发展，行业内最早一批的探索者正迈进他们的退休时代，当然，他们大部分人的选择都是退而不休，在把机会让出来的同时布局另一番事业，整个创投业也开始了它新老更替的生命历程。

2015 年 7 月 16 日，深圳国资委发布了一则人事任免通知：深圳市创新投资集团有限公司董事长靳海涛将正式退休。这距离深创投召开第 100 家被投企业成功 IPO 的发布会不足 1 个月。从 2004 年执掌这家中国本土最大的创投机构开始，这是靳海涛在深创投的第 11 年。

在股改全流通前，靳海涛带领深创投在一片萧索的环境中摸索，熬过了本土创投的第一个寒冬；让深创投从命悬一线的境地起死回生之后，靳海涛又以敏锐的嗅觉狩猎创业板，当 2009 年创业板开板时，深创投成了最大的赢家……这位已年过花甲、被称作"VC 之王""PE 泰斗"的人物带领深创投走过了太多重要时刻。

2016 年 1 月 8 日，靳海涛重新出发，前海母基金创立大会正式举办，凭借 215 亿元人民币的总规模，前海母基金成为国内最大的商业化募集母基金。

2016 年，一家本土创投机构进行了一次大换血，与其他和平分手的机构相比，这一次稍显激烈。5 月，复星昆仲资本董事长王钧、复星昆仲资本总裁鲍周佳、复星昆仲资本联席总裁梁隽樟离职，同时离职的还包括财务、法务等 6 位团队核心人员。对于集体离职原因，梁隽樟曾表示，主要原因是对于基金长期经营和发展持有不同的理念。如今，由王钧率队组建的新基金已经成立，名为昆仲资本。

在母基金领域，也有负责人离职的消息传来。2016 年 4 月，有业内人士称，苏州元禾控股有限公司董事长、总裁林向红已经离职。元禾控股管理资本量近 300 亿元人民币，截至 2015 年 12 月底，共投资近 400 家创业公司，其中近 50 家已经上市或过会。此外，林向红还掌管着国内最大的一支母基金——总资金规模高达 600 亿元人民币的国创母基金，它是在 2010 年由元禾控股与国开金融公司共同发起设立的。

在新闻传出的十几天后，林向红以苏州民营资本投资控股有限公司（简称"苏民投"）董事兼总经理的身份亮相该公司的开业仪式，这位 FOF 领域重量级人物的下一站似乎已经确定。据相关资料介绍，苏民投是苏州首家由政府引导组建的民间投资公司，采用"投资控股平台＋股权投资基金"相结合的运作方式，以"并购重组起步"。然而到了 2020 年，林向红与邓爽又联手创办纽尔利资本，再次出现在公众视野。

第二节　VC 格局将巨变

涌动的浪潮背后是中国 VC 行业新一轮格局变化的开始。

"VC 2.0 时代从 2014 年开始，未来 9 ～ 10 年将是 VC 2.0 的大时代。"

时任清科集团董事总经理符星华认为，"历年最佳 VC 榜单中前 50 位的排名，70% 都将发生变化。在 2014—2016 年没能做好布局的老牌投资机构，将很快淹没于这个时代。"

资本的流通速度将比以前快得多，机构的成长速度也在加速。符星华举例说，高瓴资本将资本管理量从 120 亿美元提升到 200 亿美元只用了 12 个月；未来 3 年，做到 1 000 亿元人民币规模的 VC 将有很多家。

LP 2.0 群体出现

2016 年，VC 基金的资金来源也已经发生了天翻地覆的变化。

新 VC 基金的 LP 大多来自这些投资人之前曾投资过的成功项目，这成为催生新基金成立的关键因素。2014 年从红杉中国离职创办源码资本的曹毅说："互联网行业的资金正在变得越来越多，企业上市之后，创始人以及高管开始考虑如何配置他们的资产，他们认为最好还是反哺这个行业，这是他们热爱的，也是无限看好的具体行业。"

时任戈壁资本合伙人徐晨说："现在好多 VC 确实和原来的做法不太一样，有点像众筹。"在国内，一些上市公司的老总们很容易就找到一个所谓新生代的机构，把钱投在里面，然后新基金就开始运作了，这的确是一个现象。

实际上，老牌 LP 们也愿意为新基金投资，有很多 LP 正是由于挖掘了新的投资人，出来做了不错的新基金，他自己作为 LP，也跟其他 LP 相比获得了竞争优势。某老牌 LP，一直是红杉资本、IDG 等一系列大牌 VC 的投资人，他们这两年也在密切关注中生代明星投资人的动向，现在，这家 LP 投资到新 VC 基金的资金量已经上升到了其历年来投资中国 VC 市场总额的 1/3。

"投资人为什么愿意给钱？因为他能挣到钱。"刘二海说。所以 VC 新基金的批量化诞生不只是 GP 个人的因素，同时也有他们身后投资人的推动作用。

不少 LP 的心理是，即便不是大额配资，也会投一点进去，就像 VC 投资创业项目一样，不可错过未来的 IDG、红杉资本。

对于投资人来说，募、投、管、退中的后三项是他们的日常工作，而募资能力是投资机构的核心能力，当募资环境好，拥有可预期的意向出资方，以及可观或者可控的募资额度时，一个 GP 便拥有了敢于自立门户的先决条件。

VC 的增长方式："单细胞裂变"

对 A 股实施注册制的预期，并购市场、新三板的火爆为投资机构提供了更多的退出可能。在募资、投资、退出通道都史无前例地畅通的当下（2016 年），不创设一家基金似乎都"对不起自己"。

这些确实是客观的催生因素，但是更关键的是，VC 是一个单家机构无法持续扩张的行业。

即使再大牌的 VC，也很难做得规模太大。美国最成功的 VC，新的合伙人也就五六个（规模扩大后合伙人会分层级，会分老的合伙人和次一级的年轻合伙人）。在国内，一个 VC 基金最多七八个合伙人，不能再多了，每个合伙人带两三个人，一共也就是 30 ～ 50 人，这已经是一个早期 VC 机构的极限了。很多小 VC 机构最多扩充到 20 人，就不会再去扩充了。

刘二海认为，对于 VC 行业来说，100 人是裂变的一个槛。达到或者接近这个规模的 VC 仅有历年排行榜榜单上顶尖的那几家：IDG 资本、红杉中国、君联资本等，而这些 VC 也是近年诞生投资机构最多的"原产地"。

除了 IDG 资本、红杉中国、经纬、深创投、达晨等大的平台型投资机构，绝大部分的 VC 还是组织结构相对简单，投资人团队规模较小，管理资金量有限的"单细胞生物"，它们的增长方式更多是裂变。

已经形成共识的是，VC 裂变是一个必然现象。中国的 VC 行业从 2000 年初真正开始起步，现在很多创始人年纪都超过 50 岁了，近年来的投资业绩大多是由中生代投资人创造的，这些年轻投资人，无论是从财务的回报上，还是从投资决策的影响力上，都希望有更大的话语权，独立出来是必然的。

老牌 VC 的方向：航母式转型

通过对这两年投资表现的监测，我们也看到，VC 裂变对老牌投资机构的影响也没有世人所想象的那么大，经历裂变最多的几家大型投资机构仍然处在投资行业的前列。这也说明，一个成功的投资基金背后不只有人，更重要的是基金后面的投资理念、投资制度及决策体系架构。这就如同球队一样，明星球员固然重要，但明星球员时有转会，从长时间来看，一支常胜的一流球队绝不可能只是靠个别明星球员塑造而成。事实上，这个道理放之商业社会同样适用，一个成熟的公司一定会依靠制度来运转，而不是依赖个别人来运作。当一家公司处在成长阶段时，制度的保障和运行变得更重要，个人的作用会逐步淡化。因此，成熟的、制度化的基金公司往往能够顺利度过过渡期，实现无缝衔接。

好的体系的表现之一是拥抱变化。"老的风投都在思考新的模式"。近年来，大的传统投资机构要么被分化，要么走向平台化。老牌美元基金投资机构美商中经合正在考虑以创新的组织架构来做人民币基金，美商中经合董事长刘宇环曾在与《投资界》交流时表示："深创投做母基金是很正确的，就像赛跑，老人肯定跑得慢，但是子基金跑得快，那母基金就可以在后面给子基金加油，我认为这是一个创新突破的模式。我很看好他们的做法，我们未来也将朝着这个方向走。"

目前来看，大机构平台化有三种方式：（1）赋予细分行业的投资团队独立决策权；（2）成立合作基金，在 GP 层面分股权；（3）机构本身系统性上升为 LP，与投资团队形成上下游关系。同时，机构本身立足于 VC、PE，向早期天使投资，后期甚至二级市场延伸，大型 VC 机构的全产业链模式正在形成。

VENTURE CAPITAL

VENTURE CAPITAL

VENTURE CAPITAL

VENTURE CAPITAL

第八章

TMT 时代的最后一缕余晖（2016—2018 年）

VENTURE CAPITAL

VENTURE CAPITAL

VENTURE CAPITAL

VENTURE CAPITAL

VENTURE CAPITAL

回望创投圈，2016 年到 2018 年是一段跌宕起伏的岁月。

不少人依然记得，2016 年万众瞩目的"创投国十条"出台，本土创投站上了更高的历史舞台。然而，2018 年"资管新规"落地，此前已经初见端倪的"募资难"问题开始全面爆发。以此为起始点，这些变化在日后深刻影响着整个创投行业。

一半海水，一半火焰。VC/PE 像坐过山车一样，无时无刻不在应对波诡云谲的市场变化。与此同时，互联网投资进入下半场，"跑马圈地"、烧钱扩张的模式屡屡受挫，VC/PE 开始自省。

第一节　不可磨灭的一页：共享经济大战

首先我们要从一个新鲜的词语说起——共享经济。

这一概念最早源于美国，依托互联网 2.0 模式，中国催生了一批共享经济平台。以滴滴出行为代表的网约车，以摩拜、ofo 为代表的共享单车，以"三电一兽"为代表的共享充电宝等，在各自的赛道上展开殊死搏斗。

与传统的电商不同，共享经济平台通过线上支付、线下取用的方式运作，地域属性较为明显。也正因如此，平台们拿着巨额融资"跑马圈地"，竞争激烈。狭路相逢勇者胜，互联网投资模式已经日渐明晰，彼时没有人想错过这个大赛道。

始于一个冬夜的故事

2012 年北京一个寒冷的冬夜，一位年轻人站在长长的队伍里等出租车，浑身冻透，瑟瑟发抖。这位年轻人叫程维，"对我来说，那天晚上很特殊"。就是在那个夜晚，他的内心已经有了一个计划。不久后，滴滴出行成立。

这是程维在招股书的致股东信中记录的故事，而起始点便是那个难忘的冬夜。

第一个听到这个故事的，是程维在阿里巴巴的老同事王刚。在滴滴出行成立初期，王刚出资 70 万元，成为滴滴出行的天使投资人。此后，王刚不断在滴滴出行陷入困境的时候提供资金支持，还在 2015 年和 2016 年分别促成了滴滴出行与快的、滴滴出行与优步中国的合并。

王刚十分欣赏程维。他曾在演讲中提到，有一次与程维聊到凌晨 2 点，

"我超级看好他，聊一次看好一次。"他形容自己和滴滴出行一路走来的过程是互相依托、相互成全，"能遇到他（程维）是我的福气。"直至 2021 年 7 月滴滴出行在纽交所挂牌上市，王刚的那笔初始资金已获得近万倍回报，不仅成就了滴滴出行，也奠定了王刚在中国早期投资的江湖地位。

后面听到这个故事的，便是滴滴出行最大的股东孙正义。2017 年，孙正义拿着 50 亿美元找到了程维，但彼时的滴滴出行刚融到 100 亿美元，并不需要软银的钱。为了让程维接受这笔投资，孙正义拿出一贯的投资策略："如果你不接受，我就把这笔钱投给你的竞争对手。"最终，程维态度软化，接受了这笔钱。

此后，软银多次追加投资滴滴出行。直到 2021 年 6 月，滴滴出行在纽交所的招股书中披露，软银愿景基金持股达 21.5%，是滴滴出行最大的股东。彼时，滴滴出行已经累计融资 23 轮，融资总额为 220 亿美元。

而押注滴滴出行的这段时间，正是软银愿景基金横扫全球的开始。2016 年 10 月，在投出雅虎、阿里巴巴后，成名已久的孙正义有了一个更大的野心——成立规模高达 1 000 亿美元的软银愿景基金，并很快从沙特阿拉伯公共投资基金、阿布扎比主权财富基金等中东超级 LP 处募齐了资金，开始全球扫货。

软银愿景基金的大手笔投资颠覆了整个风险投资领域，这一模式在很长一段时间内成为国内互联网投资的真实写照：不少投资人凭借一两个知名项目一战成名，大量资金汇入风投行业，估值节节攀升。以滴滴出行为代表的很多互联网企业纷纷创立，并一步步密集融资烧钱、攻城略地，直至上市，即便依然亏损。

"滴滴出行没有一天是平静的。"这是王刚在 2016 年接受采访时道出的真实感受。这段时间里，程维随时都面临着不同竞争对手的挑战。从快的到优步，滴滴出行一路过关斩将，一度抢占超过 90% 的市场份额。与此同时，高达上百亿元人民币的亏损也是悬在头顶的达摩克利斯之剑。

在那段魔幻的岁月里，共享经济"战争"杀得如火如荼。

摩拜与 ofo 的"战争"

这一边，网约车融资轰轰烈烈；那一边，共享单车也火起来了。

2015 年，几乎在同一段时间，共享单车的头部企业摩拜和 ofo 分别拿下百万元人民币的天使轮融资。彼时，戴威的 ofo 成立一年，还没有走出北京校园，而摩拜创始人胡玮炜刚从一个汽车媒体人转型做单车。

此时的标志性投资人之一是金沙江创投合伙人朱啸虎。早在 2007 年，朱啸虎卖掉自己的创业公司易保网络，受邀加入金沙江创投，滴滴出行和 ofo 是他在共享经济领域最为知名的两个投资案例。2016 年，ofo 拿到了金沙江创投的融资。当时的朱啸虎十分看好这个项目，留下了一句广为人知的话："共享单车将在 90 天内结束'战争'，胜利者是 ofo。"

然而，竞争愈演愈烈。2017 年中国信通院发布的首份《共享单车行业发展指数报告》显示，2016 年 10 月以来，共享单车在中国呈现出爆发式增长，渗透率指数一年增长近 8 倍。清科研究中心的数据则披露，截至 2017 年 3 月，共享单车这个领域已经聚集了数十亿元资金、30 多家投资机构，摩拜单车、ofo、小鸣单车、优拜单车、骑呗等十多家企业拿到融资。用媒体的调侃来说，"单车的颜色都不够用了"。

其中，摩拜和 ofo 的"战争"最为激烈。2017 年，摩拜成立两年就完成 10 轮融资，仅融资额就已经达到了一个独角兽的体量，公开估值超 20 亿美元，其中腾讯投资多次进入；另一边，在阿里巴巴与滴滴出行的加持下，ofo也不甘落后，仅2017年的公开融资数额就超过10亿美元，屡次刷新最高融资额纪录。双方在融资速度、数额、估值水平上你追我赶。

喧闹之下，投资人最先看出了烧钱扩张的危机。朱啸虎曾极力规劝摩拜和ofo尽快合并。在腾讯2017全球合作伙伴大会的投资分论坛上，他坦言："大城市的共享单车投放量已经过量和饱和，当两家差距不太大时，合并是比较理性的选择。"

然而，共享单车行业并没有像网约车一样走向巨头合并。彼时，先是两位创始人双双辟谣合并消息，接着双方的投资人也剑拔弩张。劝说无果，朱啸虎果断清掉手中ofo的股份。多年后，腾讯科技《潜望》栏目复盘这场"战争"，称朱啸虎是"唯一在ofo败局中赚到钱的人"。

但烧钱终究难以持续。2018年4月，美团出资27亿美元收购摩拜，几年后彻底抹去"摩拜"这个名字，变身"美团单车"。

从滴滴出行到ofo，朱啸虎都是为数不多赚到钱的投资人。他给不少投资同行上了一课：不但要投得早，还要退得巧。潇洒离场后，朱啸虎在很长一段时间里淡出了创投圈的视野。

而ofo拒绝了滴滴出行的收购，最终资金链断裂，上千万ofo用户排队领押金。这两家昔日明星独角兽走向了不同的命运。

但战火仍未熄。此后，滴滴出行迅速孵化出青桔单车，阿里巴巴则及时转移了战场。从2018年开始，蚂蚁集团携数十亿元资金连连加码哈啰单车。2018年下半年，美团单车、青桔单车、哈啰单车逐渐形成"三分天下"之势。此后的一年里，没有一家共享单车企业宣布融资。

短短三年，这条赛道在资本的助力下火爆一时，又很快归于平静。混战时代终于结束，背靠互联网大厂的选手们留在了牌桌上。

最后一轮激烈交锋

在更多人的印象中，共享经济的收官之战大概就是共享充电宝。

2017 年 3 月，朱啸虎和王刚联手押注了一个共享经济赛道：小电科技宣布获得由金沙江创投和王刚领投的数千万元人民币天使轮融资。紧接着，街电科技、来电科技、怪兽充电宝接连官宣融资。其中，来电科技的 2 000 万美元 A 轮融资成为当时共享充电宝行业最大的一笔融资。

一时间，共享充电宝创业项目如雨后春笋般冒出来。曾有数据统计，仅 2017 年一年，平均每两天就能看到一个新的共享充电宝项目，甚至在短短 10 天内融资金额近 3 亿元人民币，40 天内涌入 12 亿元人民币，其规模是 2015 年共享单车刚出现时获得融资额的近 5 倍，近 30 家明星投资机构入局。这一年也被称为"共享充电宝元年"，企业依靠融资"跑马圈地"，形成了轰动一时的"百电大战"。

然而短短一年之后，情况急转直下。共享充电宝行业因共享经济的降温而渐渐被投资机构冷落，落得一地鸡毛。彼时，乐电、PP 充电、小宝充电、泡泡充电、创电、放电科技、河马充电等先后进行项目清算，遗憾离场。最终，街电、小电、来电、怪兽胜出，"百电大战"的终局留下了"三电一兽"。

一个有趣的现象是，从共享出行到共享充电宝，共享经济之战背后也是互联网大厂的博弈。2015—2018 年，以 BAT 为主的互联网战投进一步崭露头角，靠战略投资拿下新兴产业入场券。甚至在一定程度上，几家互联网大厂的投资常常对新兴互联网项目的崛起与死亡起到了关键性作用。

共享经济一把火烧旺了与线下经济有关的多个行业，联合办公、共享 Wi-Fi、共享租房、共享 KTV、共享汽车、共享雨伞、共享篮球……一切皆可"共享"。部分投资人坚信，当人们不再专注于对生产资料所有权的占有时，新的生产关系将催生更大的经济价值。

源源不断的资金涌入让这条大赛道快速扩张，直至共享充电宝之后，热潮逐渐褪去，大家面对虚高不下的估值开始冷静下来，企业迎来了大洗牌。大浪淘沙，一批敢冒风险的资本重塑了一个个新的行业生态，但也给外界留下了无序投入、资金浪费的印象。即便多年后，这一幕幕依然在被人提起、反思。

第二节　赴港上市潮

2016年9月，在我国创业投资体制建设史上具有里程碑意义的"创投国十条"——《国务院关于促进创业投资持续健康发展的若干意见》发布。至此，中国创投行业步入了新的发展时期。

在短短数年中，一个个独角兽企业在 VC/PE 的大手笔下诞生。此时，曾经错过阿里巴巴的港交所痛定思痛，推出了史上最大上市制度改革，小米、美团等一众新经济公司整装待发，掀起了浩浩荡荡的赴港上市潮。

序曲

2016年底，当媒体与投资人高喊"资本寒冬"的时候，清科集团创始人、董事长，清科创业 CEO 倪正东带来了一组数据：2016年前11个月，股权投资市场有2 191支新募基金，募资总额超1.15万亿元人民币，其中人民币基金有2 000多支，募资总额9 853亿元人民币，美元基金是99支，募资总额合1 691亿元人民币。

"人民币基金已经成为市场上的主导者和重要力量。"倪正东说。

更多美元基金开始"两条腿走路"。自 2016 年以来，几家一直主要管理美元基金的投资机构开始募集首支人民币基金。光速光合正是在这一年 6 月宣布筹备首支人民币基金。此前，光速光合团队已经独立募集并管理两支美元基金，从单一美元到双币基金，这正是彼时美元基金变化的一个缩影。

此外，还有部分双币基金大幅提高人民币基金的管理规模。启明创投在 2016 年 2 月宣布完成 6.5 亿美元的第五期美元基金募资，半年后再次宣布完成 15 亿元人民币第四期人民币基金的募集；同时，创新工场宣布完成规模为 25 亿元人民币的第二期人民币基金和规模为 3 亿美元的第三期美元基金募集，而其上一期人民币基金的规模仅为 3 亿元人民币。

期间，虽然美元基金和人民币基金的募集都有同比上升的趋势，但美元基金的增幅远远不及人民币基金。清科研究中心的另一组数据显示：2017 年前 11 个月，3 418 支新成立的基金中有 3 339 支是人民币基金，募资规模为 1.5 万亿元人民币；美元基金是 79 支，规模约合 1 000 亿元人民币。

"美元基金转眼变成了这个行业的'小兄弟'。"倪正东感叹，"遥想十年前，美元基金独大，创投会议的台上，讲话的嘉宾 90% 来自美元基金。但今天很多人都要做人民币基金了，连最后一个坚守不做人民币基金的兄弟——林欣禾，也做人民币基金了。"

2017 年 12 月初，倪正东将达晨的刘昼和深创投的倪泽望邀请到清科主办的第十七届中国股权投资年度论坛现场，三个人展开了一场难得的对话。那一年，人民币基金迎来了 IPO 丰收年。

自此，又一个分水岭出现了。

港股 IPO 大爆发

A 股上市热闹，港交所也在酝酿着一场风暴。

错过阿里巴巴始终是港交所的一大遗憾。回想 2013 年 9 月，阿里巴巴谋求香港上市失败。时任阿里巴巴执行副主席蔡崇信发文称："我们没有期望香港监管机构为了阿里巴巴一家公司做出改变。"据当时投资银行估价，阿里巴巴市值高达 1 200 亿美元，如果能够在香港上市，无疑会成为港交所史上最大的 IPO，最后却因为阿里巴巴所主张的"合伙人方案"被港交所拒之门外。

痛定思痛，四年后港交所终于迈出了重要的一步。2017 年 12 月 15 日，港交所宣布将在主板上市规则中新增两个章节：（1）接受同股不同权企业上市；（2）允许尚未盈利或者没有收入的生物科技公司来香港上市。其中，关于新上市的同股不同权企业，有关企业必须是"新经济股"，此外还将修改二次上市的相关规则，放宽已在纽约、伦敦股市上市的同股不同权企业来港作第二次上市。

这意味着创投市场将迎来一个新退出路径。用时任港交所行政总裁李小加的话来说，这是香港市场 20 多年来最重大的一次上市改革。

政策出台后，李小加在题为《新经济、新时代，香港欢迎您！》的文章中公开喊话内地科技创新企业："在这四年中，新科技和新经济已经成为驱动世界经济发展的新浪潮，它们在深刻改变人类，特别是中国人的生活。"

改革效果立竿见影。从 2018 年 5 月开始，众多内地新经济独角兽公司拉开了赴港上市潮的序幕。除了最大的两个 IPO——小米与美团点评，还有平安好医生、猫眼娱乐等公司都相继在香港挂牌。此外，未盈利的生物科技公司在香港上市成为可能，歌礼制药、百济神州、华领医药以及信达生物等排队赴港上市。

港交所甚至曾在一天内同时迎来 8 家上市公司，每一家公司的高管都要在同一时间段敲锣，开市的锣不够用了。最后，港交所提供了一个折中的办法：每两家公司共用一面锣，每家公司一个人敲。这是港交所历史上绝无仅有的一幕。

热闹如斯，2018 年是港股 IPO 最多的一年，港交所一举超过纽交所、东京证券交易所和纳斯达克，成为全球交易所 IPO 集资额的冠军。

小米，敲响港交所第一声新锣

2018 年 7 月 9 日，港交所迎来改革后第一个同股不同权的上市公司——小米集团。

这一天，为迎接新上市制度，港交所换了一个新锣。49 岁的雷军站在比他还高的"加大版铜锣"前，激动之情溢于言表。这是继雷军带领金山软件上市后的又一次 IPO，后来他开玩笑说："第一次用这么大的锣，不敢使劲儿敲，怕敲坏。"

上市前一天，雷军给全体小米员工写了一封长长的公开信，细数小米从创立之初到 IPO 的步步艰辛："2010 年 4 月 6 日，在中关村银谷大厦一间很小的办公室，一家叫小米的小公司静悄悄地开业了。那一天，我们一起喝了碗小米粥之后，就开干了。谁也没想到，这家不起眼的小公司，此后实现了史诗般光辉的创业历程……"

敲锣前，高通创投沈劲、GGV 纪源资本童士豪、晨兴资本刘芹、启明创投邝子平、顺丰王卫等多位投资人出现在港交所。雷军对股东们也毫不吝啬感激之词，还在致辞中一一感谢了李嘉诚、马云、马化腾三位小米股票的认购方。

彼时，小米将 IPO 发行价定为 17 元港币，估值 543 亿美元，跻身有史以来全球科技股前三大 IPO，仅次于阿里巴巴和 Facebook。据雷军的公开信所述，小米最早期的第一笔 VC 投资额为 500 万美元，上市前回报已经高达 866 倍，这个投资人就是刘芹。

不过，上市后小米的股价走势并未像雷军预想的那样顺利，IPO 首日开盘即破发。仪式结束后，雷军无法解释，只得躲进港交所的一个杂物间。此后一年里，小米股票一直跌跌不休，2019 年 9 月一度跌到 8.28 元港币。"所有人的信心都几乎崩盘了，甚至还有人认为会跌到 4 元港币。"

在很长一段时间里，雷军都不敢见投资人。多年后，雷军回顾了这段往事——一次有位投资人指名一定要见他，刚见面就毫不客气地训斥道："你们小米让我亏了这么多钱，真的不知道你们是怎么干的！"接着，从战略到产品再到管理，把雷军当小学生数落了一个多小时，骂得他衬衣都湿了。

直到上市两周年，小米股价才回升到 17 元港币的发行价；2021 年 1 月 4 日，小米收盘价为 34 元港币，雷军终于兑现了让"IPO 投资者至少赚一倍"的承诺。

美团，打破港股破发魔咒

就在小米集团 IPO 两个月后，2018 年 9 月 20 日，连续创业多次的王兴终于带着他的美团点评来到了港交所。

站在同一个大锣前，王兴一口气感谢了美团点评的全体员工、3.4 亿用户、470 万合作商户、60 万外卖骑手、投资人，还感谢了开启移动互联网大潮的乔布斯。最后，铆足劲敲响了那个直径 3 米、200 千克重的超大型铜锣。

美团几乎和小米同一时间创立，但与雷军在融资上的游刃有余不同，王兴从"千团大战"中浴血拼杀而来，一路烧钱，度过了融资最为窘迫的时期。上市前，美团融资总额近 85 亿美元（约 550 亿元人民币），从投资的轮次和金额来看，腾讯、红杉中国、高瓴资本、今日资本、IDG 资本等机构在这一天成了"最大赢家"。

其中，红杉中国是美团唯一的 A 轮投资方，也是大众点评的 A 轮投资方。上市当天，沈南鹏发布亲笔信，细数了红杉中国陪伴美团与大众点评走过的那些日子。"王兴是少有的对野蛮生长的中国互联网格局有着清晰认知的思考者，是将思辨精神在企业管理中运用得最好的企业家之一，这或许也是美团不断越过山丘、获得更大成功的原因。"

徐新最早接触王兴是在"千团大战"之时。2012 年，王兴带领美团杀出重围；2015 年，在红杉中国等投资方的推动下，美团与大众点评合并。一年后，徐新重仓美团点评。后来，徐新在《中国企业家》杂志的采访中曾说，当时的金额大到"有点吓人"，为此，她还做了"特别审批"。

高瓴资本的张磊则是王兴的饭友、书友以及最重要的投资者之一。在美团逐渐壮大的背后，高瓴资本从 D 轮融资开始进入，直至此次 IPO 融资。张磊对王兴的大格局价值观颇为欣赏，在美团紧张准备投资者推介会的间隙，他与王兴在香港一家酒店约饭，深聊到近凌晨 2 点。

美团点评是继小米集团之后，在港交所交易的第二支同股不同权的股票。但这一次，美团点评逃过了当时科技公司港股上市就破发的魔咒，开盘价 72.9 元港币，较发行价 69 元港币上涨 5.65%。敲锣过后，王兴回头看到屏幕上的股价，松了一口气。

2018年，在新锣声里，小米集团与美团点评成为当年最受瞩目的焦点。还是在同一年，黄峥带着一匹从下沉市场杀出的黑马赴美敲钟，拼多多登陆纳斯达克，那是互联网蔚为壮观的落日余晖。

第三节　"募资难"全面爆发

2018年，"募资难"全面爆发。

这一年，"资管新规"落地。几年前追着风口而来的VC/PE们开始面临行业洗牌，股权投资市场逐渐呈现"马太效应"。

募资困境撕开了一道口子。2018年，中国创投行业开始进入一个艰难时期。

"资管新规"落地

2018年4月27日，中国人民银行、中国银行保险监督管理委员会（现为国家金融监督管理总局）、中国证券监督管理委员会、国家外汇管理局联合印发《关于规范金融机构资产管理业务的指导意见》，业内俗称的"资管新规"来了。

"资管新规"的总体监管逻辑是打破刚兑、降杠杆、降风险、降成本，直接对VC/PE募资端造成了冲击，主要体现在两个方面：一是拉高了个人LP的门槛；二是限定了多种类型资金的入场，比如银行理财资金等。

如此一来，那些以银行通道为主的市场化母基金募资受限，VC/PE机构便很难从这类母基金获得资金。而私募基金登记备案要求提高，基金成立的难度也增加了，这进一步加剧了募资难度。

一系列连锁反应显现出来。两组来自清科研究中心的对照数据最为直接：2017 年度国内创投及私募股权机构募资规模达 2 624 亿美元，较 2016 年度的 1 896 亿美元，有 39.35% 的增长；而 2018 年 1—5 月，募资规模为 234 亿美元，同比 2017 年 1—5 月 1 102 亿美元的募资规模增长率为 –78.77%。一时间，"钱荒"等声音不绝于耳。

究其原因，"资管新规"只是导火索，背后是积压已久的行业问题。2018 年前后，中国正处于经济结构转型阶段，严监管、去杠杆为金融业主要基调，这是投资人必然面对的现状。而从市场层面来看，"募资难"也是投资机构爆发式增长后，优胜劣汰过程中必然要经历的问题。

自 2014 年后，新机构如雨后春笋般冒出来，经过几年的发展，数量已经翻番。中国证券投资基金业协会数据显示，截至 2018 年 2 月底，已登记私募基金管理人约 2.3 万家，已备案私募基金约 7 万支，管理基金规模突破 12 万亿元。其中，创业投资基金和私募股权投资基金数量共 2.8 万支，占总量的 40%。这在一定程度上也造成了行业冗余的现象。

那段时间里，创投圈流传着一个段子："投资人太多，创业者都不够用了。"当时创投市场竞争的白热化由此可见一斑。投资人增多，不仅市场上的项目有限，LP 与募资资金也同样有限，募资难成为必然。

人民币募资之困

就这样，问题集中在 2018 年爆发。

无论是成立近 20 年的老牌 PE 还是最近三五年成立的 VC，无一例外都在做同一件事情：募资。从修改 PPT"被虐"千百遍，到一天飞一个城市进行路演，一线募资人员苦不堪言。有的机构甚至到了全员募资的

除了前台，全员募资——那是 2018 年春天创投圈最深刻的记忆之一。此后，全员募资开始成为部分中小投资机构的常态。

地步。当时圈内流传着一个真实的故事：一家成立近五年的 VC 机构，春节回来上班后，除了前台，人人身上都背上了募资 KPI 考核指标。

相对来说，美元基金受到的影响要更小一些。2018 年，高瓴资本、红杉中国、晨兴资本（五源资本）都完成了数十亿美元的基金募集。其中高瓴资本完成了 106 亿美元的新基金募集，打破了前一年 KKR93 亿美元的募资纪录，成为亚洲地区最大的私募股权基金。

清科研究中心数据显示，2018 年前 11 个月，外币基金 2018 年的募资同比上升超 130%，说明美元基金募资表现强势；而人民币基金的募资金额则从 16 000 多亿元下降到 9 000 多亿元，下降趋势十分明显。

进一步来看，人民币基金募资市场上两极分化也越来越明显：一方面是募资时间拉长，意向 LP 减少；另一方面则是人民币头部 GP 募资捷报连连。君联资本对外宣布完成 10 亿元二期人民币医疗健康专业基金的首轮募集；达晨宣布最新一期 40 亿元的基金迅速募集完成；鼎晖投资与中金资本达成合作，中金资本对鼎晖投资旗下夹层基金投资数十亿元……在 2018 "最难募资年"，这些消息尤为抢眼。

在一定程度上，不论是美元还是人民币，头部机构募资并没有想象中艰难。募资是一面镜子，照出了中小机构的生存现状，那些在行业的草莽时期匆忙加入的选手们处境最为艰难。

一个行业共识渐渐形成：创投行业洗牌会越来越严重，业内一定会出现"一九现象"，即是百分之十的人挣了行业内百分之九十的钱。换一种角度也可以理解为百分之十的投资机构拿了市面上 LP 百分之九十的钱。而洗牌的过程也是行业资源集中的过程，越来越多的资源向优质机构集中，包括 LP 资源。

历史经验表明，VC/PE 行业每一次淘汰赛都始于募资。这一次也不例外。

全民 VC 悄悄退潮

"站在风口上，猪都会起飞"——这是全民 VC 的真实写照。早期互联网产业动辄百倍回报的"造富"浪潮吸引了一批投资人，那段时间里，不少 VC 大举进军文娱、区块链、共享经济、互联网金融等多个领域，不同赛道上挤满了追风口的人。

其中，区块链赛道就上演了荒诞一幕：2018 年春节期间，"3 点钟无眠区块链群"一夜爆红，彻底拉开区块链行业的喧嚣序幕。然而半年不到，情况急转直下，行业迎来退潮。

这一幕也正是部分 VC 狂热投资的映射。前期如热潮般涌入，在经济发展逐步减缓后，互联网投资烧钱扩张的模式逐渐显现出弊端，一个个高估值泡沫破灭。此前，有的机构在几个热门赛道像撒胡椒面一样投出上百个项目，最后不要说退出，活下来的都寥寥无几。

另一边，2016 年逐渐加速的 IPO 审核也在接下来的两年里日趋严格，IPO 退出难度大大增加，部分 VC/PE 不得不另寻他路。即便能顺利上市，一二级市场估值倒挂的现象也不胜枚举。VC/PE 在退出期迎来大考，结果却不容乐观。

"当潮水退去的时候，才知道谁在裸泳"。2018 年清科研究中心数据显示，早期机构募集基金 108 支，募资金额为 169.97 亿元，VC 机构募集基金 730 支，募资金额为 2 702 亿元，PE 机构募集基金 3 233 支，募资金额为 8 606.55 亿元。从数据上看，整个早期机构的募资额还赶不上红杉中国或高瓴资本的一支基金。

行业冷静之余，芯片投资破冰、人工智能迎来追捧，一些不那么性感的赛道相继出现在投资人的视野中。早期投资放缓后，一些较大的机构开始在品种上做增量，涉足更多的业务。例如，红杉中国设立了种子基金，打造涵盖种子、VC、PE、并购、公开市场在内的全链条投资线。

时任君联资本董事总经理李家庆总结说："2018 年实际上是充满了矛盾和冲突的年份，投资机构要重点抓好三件事，一是推动被投资企业的退出；二是基金的募集；三是如何在充满矛盾和冲突，不明朗的宏观环境下，安排后阶段投资策略的快慢、阶段的配比、领域资金的配制，以及投资标准的设置。"

寒冬之下的股权投资市场是转折，也是新生。

**Chapter
9**

第九章

中国创投二十年（2019—2020 年）

2019 年，创投市场风向转变，互联网产业的发展红利逐渐消失。

2020 年，一场影响全球的新冠肺炎疫情使得创投行业遭遇了前所未有的挑战，大国战略博弈全面加剧，科技成为这场博弈的主战场。

伴随而来的是，中国创投行业的募资结构、投资方向、退出都发生了巨大变化。人来人往，新一轮排位赛悄然打响。

第一节　科创板的第一道锣声

2018 年 11 月 5 日，上海证券交易所将设立科创板并试点注册制的消息传来，整个金融市场沸腾起来。

作为上交所新设立的独立板块，科创板有三点重要突破：第一，允许尚未盈利的公司上市；第二，允许不同投票权架构的公司上市；第三，允许红筹和 VIE 架构企业上市。并且不同于中小板和创业板，科创板 IPO 是市场化定价，不限制发行价和发行规模。

259 天后，科创板开闸

2019 年 7 月 22 日上午 9 时 30 分，上海证券交易所交易大厅内传来一声锣响，科创板正式开板，首批 25 家企业成功挂牌上市交易，开盘集体上涨，多支个股涨幅翻倍，盛况如同 10 年前的创业板开闸。

当年创业板从提出到开市中间经历了 10 年的跨度，而这一次科创板从提出到开市只用了 8 个多月。速度之快，凸显国家对资本市场改革之决心。

沸腾中，本土创投成为大赢家，退出盛宴上演。

作为首批科创板 IPO，这一次创投机构的参与度非常高。根据清科研究中心统计数据，2018 年中国企业 IPO 的创投渗透率只有 60% 左右。而通过公开资料梳理发现，此次科创板首批 IPO 的 25 家公司中，有 24 家背后有创业投资机构的身影，至少涉及 61 家 VC/PE 机构，创投渗透率达 96%。

其中，人民币基金横扫首批上市企业，尤其是深圳本土创投机构表现抢眼，比如深创投、松禾资本、达晨财智、同创伟业、启赋资本、架桥资本等都拔得头筹。除 VC/PE 机构外，产业投资基金的表现也颇为亮眼，如北汽产投、小米科技旗下基金、英特尔投资等。当然，还有一些较少曝光的地方创投基金也成为科创板的受益者。

注册制时代

伴随着科创板登场的，还有注册制试点。

2020 年 8 月 24 日，创业板注册制鸣锣开市，正式迎来首批 18 家挂牌上市公司——18 支新股集体高开，多支个股涨幅翻倍。2023 年 4 月 10 日，全面注册制时代正式到来——主板注册制首批 10 家公司全线上涨。

这是载入创投行业史册的历史性一幕，一个全新的资本时代徐徐展开。

以往在核准制下，一个创投项目要实现 IPO，从核准到发行的平均等待时间短则 2 年，长则 3～4 年，许多企业因此错失企业发展的黄金时期。而在注册制下，企业上市周期大为缩短，大部分可控制在 1 年之内，这样大大缩短了创投项目的退出周期。

人民币基金看到了曙光，尤其对于投资了大量优质创业企业的创投机构来说，注册制大大拓宽了退出通道。

不过在注册制时代下，A 股估值将会趋向港股化、美股化，一级市场和二级市场价差将有所缩小。这被认为是 A 股市场的最后一次政策红利，基本上已和国际接轨。如此一来，推动被投企业抓住全面注册制改革红利期，力求能上尽上，成为不少 VC/PE 的工作重点之一。

自此，中国创投行业的优胜劣汰和两极分化也加速驶来。公司如果不是百亿千亿元规模的大市值公司，即使上市了，创投基金也不一定能退出，二级市场会对创投基金进行更残酷的筛选，这无疑也是一个严峻的挑战。

将视角拉大，二级市场估值势必出现行业分化、龙头溢价、平庸公司边缘化等现象，IPO 不再是创投机构成功退出的首要指标。这也意味着，创投机构投资企业"上市即赚钱"的阶段结束了。

第二节 互联网不再是唯一粮仓

回望过去 20 年，互联网是中国创造"独角兽"最多的行业，但是从 2020 年开始，以半导体、医疗健康等为代表的创新产业，创造"独角兽"的速度、创造上市公司的速度、创造财富的速度、创造百亿元市值公司的速度都要超过互联网。

这是 20 年来第一次在产业上发生重大的变化——中国创投开始进入硬科技时代。

中芯国际 46 天闪电上市

时间回到 1977 年，刚刚获得博士学位的张汝京在自己 29 岁这年加入了美国半导体巨头德州仪器，开启了自己在德州仪器 20 年之久的工作生涯。

直到 1997 年，一心想要振兴中国国产芯片产业的张汝京博士决定申请退休，回到中国台湾成立了一家名为"世大半导体"的晶圆代工厂，之后他将 8 家工厂全部建在大陆。这是一次十分成功的创业，公司仅仅成立三年就实现了盈利。

期间，业界人士慕名上门，邀请他去大陆创业，"他们问我能不能回到大陆来，说中国在半导体领域和世界差距很大，现在非常想赶上世界水平。"2000 年，他在上海张江创立了中芯国际。

后来的 20 年，全球半导体江湖野蛮生长，处于发展快车道的中芯国际也于 2004 年在美国纽约、中国香港两地上市，创造了半导体行业最快的上市纪录。

2020 年 7 月 16 日，被誉为"中国集成电路航母"的中芯国际终于登陆科创板，首日市值一度突破 7 000 亿元。

至此，中芯国际在 A 股打破了多项纪录：从受理到过会仅 19 天、完成注册仅 29 天，创造了科创板上市最快纪录，也缔造了当时 A 股近 10 年来融资规模最大的 IPO。而随着中芯国际在科创板的上市敲钟，中国半导体板块 A+H 第一股正式诞生。

筚路蓝缕，中芯国际五位董事长、四位 CEO 接力奋斗，浓缩了一部跌宕起伏的中国半导体艰辛史。

他们坐了 10 年冷板凳

那是一段艰难的拓荒岁月，成群结队的华人在张汝京的号召下回国开垦中国半导体行业。与这一批海归人才一同流动的，还有一批从硅谷跨洋而来的风险投资公司，他们与我国本土创投基金并肩开启了半导体投资，一腔热血地坚信中国半导体大有可为。

1987 年，被业内誉为"芯片先生"的陈立武在美国旧金山正式创立了华登国际。20 世纪 90 年代起，华登国际就开始在中国投资半导体企业，是最早进入中国的风投机构之一。

而此时的中国半导体产业还是一片蛮荒，虽然也有硅谷风险投资公司在投半导体，但在 2000 年互联网泡沫破灭以后，投资半导体企业的机构数量急剧下降，产业链、市场都不成熟。

之后的 10 年，国内芯片设计公司和人才数量呈指数级增长。同时伴随华为、联想、小米等智能手机终端产业链的发展，国内半导体行业渐渐变得热闹，一些半导体公司在时代和创投机构的浇灌下成长起来。

但让所有投资半导体的创投机构头痛的是漫长的周期且退出无门。直到 2009 年创业板开闸，本土创投机构才第一次感受到投资半导体的东风终于吹来。

后来的岁月也并非一帆风顺。华登国际董事总经理黄庆清晰记得，2011 年左右，最初一批投资国内半导体初创企业的美元基金大多铩羽而归，市面上投资半导体行业的 VC/PE 越来越少。很多 LP 低估了这个产业的投资价值，整个行业的募、投、管、退各个环节都很困难，国内半导体投资迎来了至暗时刻。

但华登国际却在当时逆势成立了第一支半导体产业本土基金——上海华芯基金。这支基金的规模为 5 亿元，发展和改革委旗下的国投高科和上海科创投集团共同参与出资，筹备时间近一年。尽管基金整体规模不大，但在当时的情况下实属难得。

这一举动不止创投圈看不懂，就连做半导体的人都觉得成功的可能性不大。但黄庆坚信一点：中国的半导体公司，从投资角度说必须从中国资本市场退出，大家应该把这条路走通。

这无疑是一场漫长的征途，以半导体为代表的高科技产业是万万急不得的产业，公司成不成，至少 5 年才会看见结果。而要等到像中芯国际、格科微等知名半导体公司成长为巨无霸的体量，板凳往往要坐 10 年冷，背后的投资方甚至熬白了头。

无 VC 不谈硬科技

科创板登场，硬科技 IPO 站在时代的聚光灯下，硬科技投资迎来了前所未有的热闹景象。

创投圈开始形成一个普遍共识——硬科技很有可能是未来长达 10 年的投资主题。有核心技术、能解决卡脖子难题是项目判断的必要条件之一。在商而言，核心技术意味着竞争壁垒，意味着企业在市场上能够有明显的比较优势；在国而言，卡脖子难题能否又好又快地解决，将决定着中国的国力走向。

科技兴，则国兴。清科集团合伙人、清科创业高级副总裁、清科母基金管理合伙人符星华表示，科创板的开板为创业投资及私募股权投资市场的高精尖企业上市和基金退出增加了重要的通道。同创伟业董事长郑伟鹤也将投资策略作了调整——以后专投新兴产业"高冷硬黑"。

此后几年里，无 VC 不投硬科技。那些在移动互联时期崛起的一线美元基金和投资人，也开始纷纷转向芯片、医疗、新能源、新材料等方向。用北极光创投合伙人黄河的话来说："硬科技赛道正经历一次史无前例的大泡沫。背后原因之一，是有很多互联网出身的投资人带着固有的互联网思维涌入了这个并不性感的行业。"

而每一位坐过冷板凳的硬科技投资人都清楚，无论是芯片还是医疗医药，这些赛道投资周期都比较长，要有陪伴企业成长（至少）5 ~ 10 年，甚至 10 年以上的定力跟勇气。

同时，科技巨头 CVC（企业风险投资）正在加速崛起，并走向股权投资的舞台中央。尤其是以华为哈勃投资、宁德时代、比亚迪、小米为代表的产业资本，在半导体等硬科技领域攻城略地的节奏甚至超过了 VC，被认为是产业资本的"四大金刚"。

周期转换，时代更迭，在新能源、新材料、集成电路、先进制造等实体产业发展起来之后，创业主体的诉求也在发生着微妙的变化，拥有产业背景的投资方成为创业公司的首选。究其原因，源于产业资本优势明显——把自家供应商名单拉出来，项目源就有了；不但给钱，还能带来订单，再难抢的项目都能投得进去。

总之，江湖变了，创投行业新的分水岭逐渐显现，财务投资机构话语权渐弱，美元基金明显"水土不服"。

第三节　排队回港二次上市

2019 年 9 月 10 日，教师节，也是马云 55 岁的生日。这一天，马云正式卸任阿里巴巴集团董事局主席，淡出自己一手打造起来的商业帝国。两个月后，阿里巴巴登陆港交所上市，成为首个同时在港交所和纽交所上市的中国互联网公司，是当年全球最大 IPO。

阿里巴巴香港二次上市发出了中概股回归的重要信号。

港交所的热闹一幕

北京时间 2020 年 4 月 2 日晚，身披无数光环的瑞幸咖啡自曝财务造假，引发了一场中概股的信任危机。

随着瑞幸事件余震持续不断，美股市场暗流涌动，一些原本对美股蓄势待发的企业悄然撤销了赴美 IPO 的计划，另一边已经在美股上市的中国公司也开始酝酿回归计划。

2020 年 6 月 11 日，49 岁的丁磊敲响了人生里的第三次 IPO 之锣（钟）——网易正式登陆港交所，完成了二次上市，成为全球唯一一家母公司及子业务在纽交所、纳斯达克、港交所同时挂牌的互联网企业。

这源于港交所过去几年里进行的一系列政策改革，允许同股不同权和未盈利企业上市、缩短 IPO 时长等，直接为寻求在港二次上市的中概股开启了绿色通道。再加上中国香港是亚洲金融中心，与国际资本市场密切相关，这对于意向全球化战略布局的中国公司而言是一个加分项。

伴随网易敲锣，2020 年中概股回港二次上市的热潮汹涌而来。一周后，在京东"618"购物狂欢节当天，京东成功在港交所二次上市；9 月，肯德基母公司百胜中国、华住集团、中通快递纷纷在港交所挂牌发行，完成二次上市；11 月初，新东方在香港二次上市，58 岁的俞敏洪也完成了他人生里的第三次敲锣（钟）；同月，创立 20 年的万国数据也在美股 IPO 四年后，再次站上港交所敲锣舞台，开盘市值超 1 200 亿元港币。

在浩浩荡荡的港交所上市队伍中，"中国股权投资服务第一股"清科创业完成了港股 IPO。回想 1999 年，中国风险投资行业正作为一个朝阳行业冉冉升起。当时年仅 25 岁、还在清华经管学院读博士的倪正东和几位同学在清华校园创办了清科集团，开始琢磨为新兴的创投行业提供各种服务。

然而一年后，美国互联网泡沫破灭，全球互联网行业迎来前所未有的寒潮，刚刚创立的清科集团也未能幸免，很多人因看不到希望纷纷离开创投行业。2001 年，清科集团举办了首届中国创业投资论坛。在那个寒冷的冬天，100 多位 VC/PE，包括以深创投为首的深圳代表团和上海代表团齐聚北京，抱团取暖，他们中的大多数人成了日后中国投资界的翘楚。

从中国几百年的历史长河来看，过去的 20 年也许是创业最活跃的 20 年，也是无数年轻人逆袭的 20 年。

Chapter 10

第十章

最大分水岭（2021—2023 年）

2022 年，留给了中国创投人难以磨灭的记忆。

募资路上或悲或喜，投资集体放缓，退出一半是海水、一半是火焰。伴随着创投行业出现结构性变化，身处历史河流的每一个人都渐渐有了属于自己的体会。

这一年，我们印象深刻：医疗行业投资人目睹着二级市场估值回调陷入沉默；消费行业投资人开始转行看起了硬科技；与此同时，中国大踏步迈入"双碳"时代，几乎无 VC 不投新能源，在动力电池霸主宁德时代的带领下，新能源独角兽军团浩浩荡荡地前进。

更壮观的是，全国各地引导基金遍地开花，动辄百亿千亿元的母基金接踵而来。我们看到，2022 年没有哪家 GP 在募资时不去拜访地方政府引导基金，大家的 LP 阵营里总会出现以政府引导基金为代表的国资身影。站在历史的十字路口，投资人不约而同地扛起了招商 KPI，这是前所未有的一幕。

第一节　赴美 IPO 静悄悄

罕见地没有敲钟仪式，滴滴出行在 2021 年的夏夜上市了。

北京时间 2021 年 6 月 30 日晚，滴滴出行正式在美国纽约证券交易所挂牌上市，股票代码为"DIDI"。此次 IPO，滴滴至少募资 44 亿美元，创造了 2021 年中国互联网公司在美募资的最高纪录。

然而很快，随着当年应用商店下架"滴滴出行"App，一连串的连锁反应出现了。2021 年 12 月，滴滴出行宣布将启动在纽交所退市的工作。直到 2022 年 6 月，滴滴出行宣布正式递交了退市申请。

多年后回看，滴滴出行上市似乎成了一个分水岭。在此后的几年时间里，中企赴美 IPO 陷入一种静悄悄的状态。而退出端的变化，渐渐深刻影响着美元基金的一举一动。

美元基金江湖变了

根据清科研究中心统计，2022 年前三季度，中国股权投资市场投资总额超过 7 200 亿元人民币，其中人民币基金投出 5 900 亿元人民币，美元基金投出 1 300 亿元人民币，后者下降幅度为 67.3%，是美元基金 20 多年以来投资金额下降幅度最大的一年，由此可见美元基金所面临的巨大挑战。

美元 VC/PE 刹车背后，是一级市场正面临严峻的募资与退出之困。

回望 2022 年，大家对美元基金募资的寒意深有体会。这一年已经鲜少看到主流美元机构 LP 出资国内基金，正如启明创投创始主管合伙人邝子平所强调的，基金融资环境处于凛冬。

　　峰瑞资本创始合伙人李丰对这一点也深有感触。他表示，整个国际宏观环境变化，也许从 2022 年开始的一段较长时间，外币基金的 LP 结构会持续出现比较中长期的调整，即美元从哪里来的问题。

　　对于美元基金而言，原来成功的路径，现在可能不存在了。于是，美元基金开始纷纷募资人民币基金。这一幕，达晨财智执行合伙人、总裁肖冰也看在眼里："大概只有几家特别头部的美元基金可能转型成功，但也需要花费一定的时间，要跨过一定的门槛。"

　　"我们原来擅长的事情正好是现在最有机会的事情。"2022 年春节后，达晨开启了招聘事宜，其中一些人是从美元基金同行那里跳槽过来的，这是以往鲜少见到的一幕。

　　君联资本总裁李家庆直言，原先美元基金的募资和退出是两头在外，致使资金大多没有真正投资进入过中国，"某种程度上，相当于拿了一张中国相关公司的财务报表去美国上市，然后在美国市场出售股票退出。"现在任何一个美元投资人都必须正视，这样的游戏结束了。

　　在李家庆看来，当美元基金开始积极募集人民币基金，从模式创新转向投硬科技，除了投资领域差异之外，从两头在外、"投资中概股"变为扎根中国、"投资中国"也对投资机构的本土体系化组织和能力建设提出了很高要求，需要有长期的资源网络积累和中后台平台支撑。

　　正如清科集团创始人、董事长，清科创业 CEO 倪正东所言，如果放在历史的长河里来看，2022 年中国股权投资行业正处在一个关键的转折期，"人民币基金和美元基金正在交替转换，资本市场也在更迭变换，这个时候更需要我们从业者思考如何改变，如何适应"。

医疗投资最难的一年

"今年投医疗，明年投简历"成为 2022 年医疗投资人最无奈的自嘲。

新冠肺炎疫情以来，医疗健康一度成为继半导体后最火热的投资赛道之一。然而好景不长，从 2021 下半年开始，医疗赛道投资估值倒挂，IPO 破发成为常态。

华盖资本创始合伙人、董事长许小林曾统计过一组数据——从 2021 年 6 月开始至 2022 年 12 月，港股 18A[1] 里面 86% 的医疗相关企业破发，A 股也出现了 78% 的破发情况。医药抗跌不败的神话被打败，而且港股已上市的医疗企业也有 55% 的跌幅，最严重的时候，平均市场跌幅接近 80%。"这在过去的十年都极为罕见，所以我用巨变来形容过去一年整个医疗行业的市场变化"。

医疗行业的惨淡景象，也让医疗投资人们握紧了手中的余粮。

北极光创投合伙人宋高广坦言，北极光创投平均每年在医疗健康领域投资的案例是 13 ~ 14 个，最多的是 2018 年，这也是医疗投资的高峰年份。但在他的印象中，2022 年所投的项目只有 10 个左右，整体数量下降较多，同时单个项目的平均投资份额也有所减少。

数据也印证了这一变化。2022 年全国医疗健康领域投资事件共 2 012 起，披露的投资总金额为 1 798.3 亿元。这两项数值在 2021 年分别为 2 895 起和 3 292.5 亿元，其中投资总金额同比下降 45.4%。

但深创投集团董事长倪泽望依旧对医疗行业充满期望。在他看来，医疗

---

[1] 港股 18A 是指根据 2018 年 4 月 30 日港交所上市规则新增的第 18A 章"生物科技公司"上市的公司。这一规则允许企业在实现收入和盈利前上市。

赛道的实际需求是持续存在的，但需要考虑怎样调整细分投资方向和投资逻辑，纯粹堆管线的逻辑难以为继，重要的是要算得过来经济账。

即便在医疗赛道最冷的两年，IDG 资本依然保持着健康的投资节奏。梳理下来，期间 IDG 资本绝大部分医疗早期投资项目得到了市场上其他基金的认可，顺利完成了后续的融资。用 IDG 资本医疗投资团队的话来说，"沉舟侧畔千帆过，静待春天"。

华盖资本创始人许小林同样对《投资界》表示，生物医药以及整个医疗行业在中国仍处于一个低水平的、高速发展的阶段。"尽管经历了过去两年的调整，但仍然是一个黄金产业"。

第二节　消费从盛世到寒冬，新能源崛起

2021 年成了中国新消费最难忘的一年。

自 2020 年新冠肺炎疫情发生以来，消费赛道就肉眼可见地火了起来，并在 2021 年上半年达到了高潮。在这段时间里，从咖啡、烘焙、低度酒到米粉、拉面和烧烤炸串，还有新服饰、护肤彩妆等与人们生活息息相关的细分赛道里，我们总能见到 VC 忙碌的身影。

新消费独角兽大爆发

彼时，明星消费创业公司站上了舞台中央。

奈雪的茶（以下简称"奈雪"）便是一个典型案例，这背后是一个浪漫的爱情故事。2013 年 3 月，在朋友的引荐下，想要投身烘焙行业的彭心见到了已在餐饮界打拼多年的赵林。随后，二人结为夫妇，并将创业梦付诸实践。受到彭心网名"奈雪"的启发，他们在 2014 年注册了"奈雪的茶"这个

商标。

早在奈雪开第二家店时，天图投资潘攀就找到了奈雪联合创始人赵林。此后半年时间里，他们保持着两周见一次面的频率，直到奈雪开到了第 11 家店，双方开始正式讨论融资的话题。2017 年 1 月，奈雪首轮融资完成交割，天图独家投资。这当中还有一个插曲：当时有机构给出的估值比天图高 30% 以上，但是出于彼此的了解与信任，奈雪最终还是选择了天图。随后在 2021 年 6 月，奈雪的茶成功登陆港交所，成为新式茶饮第一股。

咖啡赛道同样火爆。2020 年 12 月的一个下午，挑战者创投合伙人周华跟 M Stand 创始人葛冬碰面，在上海久光百货店聊了 30 分钟。聊完后，周华的想法就是要拿到 M Stand 的份额。于是，他马上打电话跟挑战者创投创始人进行沟通，并安排葛冬和挑战者创投创始合伙人唐彬森视频了一次，唐彬森也表示支持。

但是由于介入比较晚，当时还有很多投资机构盯着 M Stand。为了完成这笔投资，周华记得，2021 年新年跨年夜，他是与葛冬在一起过的——"争分夺秒"。2021 年 7 月，M Stand 完成超 5 亿元 B 轮融资，由启承资本、黑蚁资本联合领投，高榕资本跟投，老股东 CMC 资本、挑战者创投继续加码。

投资人也没放过"一碗面"——2021 年 5 月，马记永拿到天使轮融资，知名 VC 众多。坊间流传着一则故事：2021 年 4 月，红杉中国的投资人郭振炜拎了一瓶酒，敲开了马记永创始人洪磊的家门，两人聊到第二天凌晨才将投资谈妥，最后还一起去路边摊吃了顿早餐。

另一品牌陈香贵也完成了新一轮过亿元融资，由正心谷资本领投，云九资本跟投，老股东源码资本和天使投资人宋欢平继续加持。在好友宋欢平的介绍下，云九资本执行董事王亮与陈香贵创始人姜军见了一面，"见完我们就决定要投了，从见第一面到打出第一笔意向金仅隔两天"。

寒冬袭来

很快，一场"去泡沫化"运动在新消费圈上演。

2021年，新消费品牌被疯抢，但转眼到了2022年，它们中的大多数甚至连投资机构的TS（投资条款清单）都拿不到了。于是，新消费独角兽的估值集体回落，2021年投不进的项目开始纷纷松口了。

2022年3月，知名咖啡品牌Tims中国宣布再获1.945亿美元融资，投资方为笛卡尔资本集团等机构投资人。令人惊讶的是，Tims在公告中提到，"Tims中国的合并前估值从16.88亿美元调整至14亿美元"。至此，2022年第一个公开降低估值的消费独角兽出现了。

2022年7月，路透社报道盒马鲜生正寻求以约60亿美元估值融资，这样的估值在市场低迷之中几乎是打了六折，远低于该年初100亿美元的估值。

消费投资"追尾"现象开始被频繁提起，行业热度骤降，有投资人甚至感叹："一年时间就把整个消费赛道摧毁了。"

蜂巧资本创始合伙人屠铮有着十余年消费投资经验，见证了一次次眼看起高楼、眼看高楼倒的历史重演。他感叹，这个时间点早晚会到来，"前两年太火爆了，估值泡沫后，有相当一批项目会现出原形。"

他认为，之所以消费投资降温，原因在于已投的消费企业产生了一些问题，GMV（商品交易总额）上不去或市场扩张失灵，即使有增长也没有占据用户心智，复购不断下行，导致了投资人的谨慎，"任何一个由风口吹起来的行业，都会面临着这样的调整，大家理应尊重行业规律，如履薄冰"。

潮水退去，消费投资的范围变得越来越大，早已不再局限于吃喝玩乐等品牌投资。"新消费到今天必须明白一个道理，纯做流量只是一个线上渠道，不是一个完整意义的公司。未来消费市场的浪潮和新趋势一定有两个特点，就是科技＋创新。"加华资本创始合伙人宋向前如是说。

在新消费噪声弥漫时，日初资本管理合伙人陈峰也曾提醒："当我们看到太多机会与回报时，就会进入一种被这个世界的平庸价值加权的状态里，从而失去跟伟大的交集。"用他的话来说，投消费行业需要打破路径依赖和惯性偏见，投资一个项目不如投资一个产业，今天应该用"产业思维"来投消费。

"双碳"时代

新消费之后，VC/PE 集体涌入碳中和。

2021 年以来，多支碳中和专项基金纷纷诞生，越来越多 VC/PE 开始将 ESG、碳管理列为投资决策的必选项，这是前所未有的景象。

2021 年 3 月，高瓴创始人张磊公开表示，在助力实现碳达峰、碳中和目标的方向上，市场化的 VC/PE 机构大有可为。"这一功在当下、利在千秋的世纪工程，值得我们全力以赴去实现。"为此，高瓴资本成立了专门的气候变化投资团队，首支人民币碳中和产业投资基金也在 2022 年 6 月完成首次关账，预计总规模逾 40 亿元人民币。

2022 年 4 月，红杉中国首度发布了关乎未来的"零碳报告"——《迈向零碳——基于科技创新的绿色变革》。与此同时，"红杉中国 & 远景'碳中和关键技术'生态伙伴计划"也正式官宣。这一次，红杉中国创始及执行合伙人沈南鹏和远景科技集团 CEO 张雷同场亮相。更早之前，远景科技集团与红杉中国宣布将共同成立总规模为 100 亿元人民币的碳中和技术基金。而此次，沈南鹏对外发布了一份英雄帖：邀请初创期的企业到红杉中国和远景科技的生态体系里。

2022年1月，IDG资本联合中华煤气共同宣布成立零碳科技投资基金，基金总规模100亿元人民币，其中首期募资规模为50亿元人民币。作为国内最早开始新能源投资的投资机构之一，IDG资本自2005年起累计布局了数十家新能源企业，涉及光伏、电动车、动力电池、储能、充电桩、氢能等各细分领域，覆盖了能源供给端到消费端等产业链上下游的各环节。

进入"双碳"时代后，几乎无人不投新能源。2022年一级市场最轰动的融资项目之———广汽埃安（AION）于当年10月宣布完成183亿元A轮融资，引进了53名战略投资者。完成融资后，广汽埃安投后估值1 032.39亿元，成为当时国内未上市新能源车企估值最高的企业。

动力电池更是迎来一波上市潮。2022年10月，中创新航正式登陆港交所，成为港股首家动力电池企业。坐落于常州的中创新航早年营收曾一度超越宁德时代。但公司发展也曾遭遇低谷，直到2018年7月迎来了一位女掌门——刘静瑜。毕业于东北财经大学的刘静瑜被外界誉为"财务女神"。在她大刀阔斧的改革下，中创新航仅用一年时间就扭亏为盈，并成功杀入动力电池全球前十。

对于当时投资中创新航的场景，基石资本合伙人杨胜君依旧印象深刻。他回忆，2020年初，中创新航决定进行公司历史上首次市场化融资，一开始小范围地邀请了包括基石资本在内的一批潜在投资方，当时正值新冠肺炎疫情暴发后不久，出行不便。后来，基石资本董事长张维以及合伙人在与刘静瑜多次见面后决定投资，最终基石资本成为中创新航Pre-A轮融资中第一批完成投资决策的机构。

值得一提的是，中创新航的大本营所在地常州正崛起成为一座新能源重镇。

2022 年 11 月，上交所官网披露，蜂巢能源科创板 IPO 获受理。招股书显示，蜂巢能源拟募资 150 亿元，估值达到了 600 亿元。蜂巢能源的故事，离不开背后的掌舵者——长城汽车创始人魏建军。早在 2012 年，魏建军便在长城汽车内部成立了动力电池项目组。转眼到了 2018 年 2 月，长城汽车宣布将动力电池事业部独立，注资 13 亿元成立动力电池公司蜂巢能源，并将总部落户于常州市，这也被外界视为魏建军的二次创业。

时任蜂巢能源执行副总裁王志坤曾透露过 B 轮融资细节："事实上，有 100 多家机构主动找到我们，要求投资蜂巢能源。"他介绍，蜂巢能源在 2021 年 5 月举办了投资说明会，6 月底就基本上确定了投资机构的名单。但到了 7 月，还有很多投资机构上门想要投资的额度，蜂巢能源考虑到团队要静下心来，更希望做好融资的收尾。

当"双碳"的历史浪潮呼啸而来时，新能源各条细分脉络从十余年前的无人问津，逐渐演变到今天的人头攒动。

第三节　时代钟摆来到人民币基金这里

告别了以往的"撒网式"投资，越来越多的地方政府引导基金开始高度重视"基金招商"的杠杆作用，聚焦于某一个产业、某一个细分领域，以更为主动的方式发挥财政资金的引导作用。

从 2022 年起，从北上深向中西部延伸，从国家级、省市级向区县级下沉，引导基金全国开花，千亿元级母基金频现。

政府引导基金遍地开花

据清科研究中心统计，截至 2022 年，我国累计设立 2 107 支政府引导基金，目标规模约 12.84 万亿元人民币，已认缴规模约 6.51 万亿元人民币。

扬州率先发力。2022 年 8 月，由清科创业、《投资界》联合主办的第十六届中国基金合伙人峰会暨 2022 扬州股权投资峰会在扬州召开。会上的重头戏之一是扬州宣布将设立三支百亿元母基金：扬州绿色产业发展母基金、扬州科创母基金、扬州城市更新母基金。

而在 2022 年底，深圳更是打响千亿元级母基金潮第一枪：官宣总规模千亿级 "20+8" 产业基金群，由市、区引导基金联合出资，分类分批逐步设立，联手社会资本打造一个近千亿元规模的产业基金集群。

一呼百应，安徽省打响了 2023 年千亿元级引导基金第一枪，提出设立总规模不低于 2000 亿元的省新兴产业引导基金，并支持市、县（市、区）按照 "基地＋基金""产业＋基金" 等模式，围绕重点发展的新兴产业及优势产业、支柱产业，组建风投创投基金。

西安也在春节假期后印发《2023 年八个方面重点工作任务分工推进方案》，提出建立总规模不低于 1 000 亿元的重点产业链基金集群的任务，将带动先进制造业项目投资规模超过 3 000 亿元，作为这个老牌工业城市重夺 "强市" 地位的重要筹码。

6 月底，江西产业基金生态大会举办，宣布筹建总规模为 3 000 亿元的现代产业引导基金，首批规模 1 500 亿元，由省级母基金出资 300 亿元，撬动市县引导基金、社会资本等 1 200 亿元，成为江西创投史上里

随着 "基金招商" 模式的流行，全国各地引导基金出现了爆发式增长，从南到北，从沿海到内陆，从省级到县区级开发区，到处是 "争夺头部 VC/PE" 的声音，这也显示出各地对于发展新兴产业的迫切心情。

程碑式的一幕。

回顾政府引导基金发展历程，当"拼经济就是拼招商"成为各地共识时，更具专业化、产业化、规模化的"基金矩阵"成为各地在招商引资竞争中的法宝。

投资人扛起招商 KPI

国资 LP 肉眼可见地多起来了。

2023 年 6 月，达晨财智最新一期综合基金——创程基金完成首关，预计总规模 80 亿元，首关金额超 50 亿。据达晨财智合伙人、高级副总裁邵红霞回忆，这期基金从 2022 年中开始，几个月跑下来，她目睹了募资市场不少令人印象深刻的变化。

"最明显的变化就是国资成为资金市场的绝对主力，超高净值 LP 群体信心受挫，出手谨慎。"在邵红霞与资方的接触中，她感觉个人 LP 群体的信心还没有完全恢复，因此客观上也致使新基金减少了这部分资金来源。纵观达晨财智的发展历史，此前两支基金的国资 LP 比例均维持在 30% 左右，这次国资 LP 占比进一步增加，无疑是国内人民币募资市场的一个写照。

而当国资 LP 成为主力军时，这一变化对于创投生态的影响渐渐浮现。

不少政府引导基金虽然在返投要求方面松了绑，但更加关注 GP 产业落地的能力。毫不夸张地说，只要募集人民币基金，就绕不开引导基金，而拿了引导基金，那就要满足他们的最大诉求——返投，或者说招商。

例如，安徽省新能源和节能环保产业基金在公开征集子基金管理机构时明确提出："子基金需严格执行安徽省新兴产业引导基金出资部分 1.5 倍系数返投要求，以及合肥市高质量发展引导基金出资部分 1.5 倍系数返投要求。"

本土创投"领头羊"深创投集团在 2023 年开年的一场内部研讨会中也提到，2023 年要加大助力深圳招商引资力度，深挖已投企业资源，推动更多已投企业落户深圳。

邵红霞也用了三个词总结自己的感受：理解、尊重、落实。大多国资 LP 承担着培育地方产业的重任，如果你有意寻求合作，那就要理解对方的诉求，尊重对方的具体情况，当然最关键的是切切实实完成返投落地指标。2023 年初，达晨财智内部也成立了一个新部门，名字是"生态与产业赋能办公室"。

牵一发而动全身。招商资本首席执行官郭健感叹："以往我们接触的 LP，需求往往只有一个，就是财富管理型需求，让 GP 为他们的财富进行增值、保值。但是现在，出资人已经从过去单一的财富管理型需求转向当地经济社会发展的需求，引进产业、培育产业的需求。正是因为这种需求的变化，对管理人的要求有了非常大的改变，也就是说，管理人要适应这种变化。"郭健强调，"我们核心的竞争力不再只是投资能力，而是资源整合能力——压力渐渐来到了 VC/PE 身上。"

毫无疑问，创投生态已然发生深刻改变——投资机构开始成为招商大军的一员，扛起了招商 KPI。

红杉资本宣布彻底分拆

这堪称是 2023 年创投圈最震撼的消息。

2023 年 6 月底，全球 VC 巨头红杉资本正式宣布，将把红杉美欧、中国、印度 / 东南亚三地的本土基金彻底分拆，各自完全独立运营，并采用不同品牌开展业务。

今后，红杉美欧将继续沿用"Sequoia Capital"的品牌，而红杉中国将继续使用"红杉"的中文品牌名并采用"HongShan"作为英文品牌名，红杉印度 / 东南亚将改名为"Peak XV Partners"。

时间回到 18 年前，红杉资本看到打造新一代行业领袖企业的创业者在全球各地涌现出来。为了创造与赢得更多新兴市场的机会，红杉中国、红杉印度 / 东南亚应运而生。

在发展早期，红杉资本会向各区域团队分享最佳实践经验，并协助打下坚实基础。但与此同时，红杉资本采用了独特并且在当时看来非常规的运作模式——在不同区域建立了扎根本地、深谙本土市场和生态的团队，并将独立的所有权和投资决策权赋予各本地基金。

18 年过去，当各个本土基金逐渐发展成为各市场的领头羊，并开始因地制宜地建立符合本地需求的创投生态时，那些统一步调的要求有可能会成为严重制约各区域发展的因素。

2023 年，红杉中国开始了多元化布局，其稳扎稳打的投资风格保证了整体业绩的出色——2023 年，沈南鹏又一次登上了《福布斯》全球最佳创投人榜单的榜首。此外，红杉印度 / 东南亚也在发展壮大，开始募集一个聚焦东南亚地区的新基金。

当一个统一的品牌给各个区域带来了更多的累赘而非优势时，选择完全分拆并自立门户，红杉资本的投资人们可以在不同市场上书写属于自己的历史。

美元基金独立潮

放眼望去，美元基金经历着一场巨变。

其中，红杉资本的拆分被视为一个分水岭。此后不久，蓝驰创投宣布将不再与硅谷风险基金 BlueRun Ventures 共享"BlueRun"名称，英文品牌名变更为"Lanchi Ventures"。

入华 18 年，蓝驰创投已成为目前国内规模最大的早期基金之一。2022年，蓝驰创投完成 55 亿元新一期人民币及美元基金的募集，一举刷新当年国内早期基金募资纪录，其中人民币基金仅用了 6 个月左右完成募集，LP阵容中出现了包括国家中小企业发展基金在内的国家级基金、知名政府引导基金。

另一个标志性事件是 2023 年 9 月底，纪源资本宣布正式独立运营，不再使用"GGV"这一英文品牌。

纪源资本堪称美元基金中国本土化的一个缩影。早在 2005 年，李宏玮带着一箱现金只身来到上海，GGV 纪源资本正式在中国落地。同一年，符绩勋也举家搬迁到了上海，次年应邀加入 GGV 纪源资本。靠着一支铁打的投资团队在中美双线作战，GGV 纪源资本在中国投出了阿里巴巴、百度、去哪儿、欢聚时代、小鹏汽车、滴滴出行、小红书等诸多响亮品牌，成为中国 VC 江湖的一支重要力量。

继红杉中国、蓝驰创投、纪源资本后，下一家会是谁？彼时圈内盛传着还有几家美元基金出身的 VC 基金正在酝酿独立切割。

此次宣布独立运营，标志着纪源资本将更加专注于中国的本地化投资，也将拥有更为敏捷的决策过程，以及更加多元的投后服务能力。

面对变化的市场环境，"深耕中国"和"面向全球"已经成为美元基金需要同时采取的两个策略。而如何调整姿势，是摆在所有人面前的问题。

至此，美元基金独立的趋势已经非常明显。这无疑会是被载入创投历史的一幕。

时代钟摆来到人民币基金这里

据清科研究中心发布的IPO成绩单显示，2023上半年共有9家VC/PE机构收获5个及以上IPO。令人意外的是，名单中清一色都是人民币基金。

二级市场的变化，正在悄然影响着一级市场的选择。在境内上市政策宽松而境外上市监管趋严的背景下，境内退出渠道相对畅通，VC/PE机构支持的中企多选择于A股上市，而这也意味着美元基金需重新评估投资和退出策略。

与此同时，外币募资境况依旧没有改善。清科研究中心数据显示，2023年上半年我国股权投资市场共计23支外币基金完成关账，同比下滑54.9%；募资规模约422.28亿元人民币，同比降幅为35.4%。而人民币基金的募资节奏则相对稳定，2023年上半年共3 266支人民币基金完成新一轮募集，同比小幅上升0.5%；募资规模达6 919.17亿元人民币，同比下降22.7%，但其市场占比增长至94.2%。

红杉中国合伙人浦晓燕感叹，人民币基金变得更加具有创新性，在投资领域上，与此前以消费、传统制造业等为主的特点相比，发生了较大变化；在产品形态上，人民币基金也与美元基金更加接近，例如基金的存续期限变得更长。"所以今天中国在创新领域的投资机会，包括创业者对人民币基金的拥抱程度，都在急速上升"。

成立于2006年的启明创投见证了美元基金在中国的起起伏伏。而在成立早期，启明创投创始主管合伙人邝子平就已经深刻地意识到VC本土化的重要性，他曾谈道："美元基金比较认同硅谷VC的打法，主张平均分权的合伙人制；但在中国情况完全不一样，VC 更像一家大公司，有不同的层级。我们一直在探索'入乡随俗'，把硅谷式 VC 与本土创投模式进行融合。"

美元基金的最新动作则是降薪和密集裁员——一方面，薪资标准开始对照人民币基金；另一方面，动辄裁员三到四成，全面转向人民币投硬科技赛道。

这也正如达晨财智创始合伙人、董事长刘昼所判断的，中国创投行业已真正进入"募资－投资－上市"的内循环时代，人民币基金成为主流。过去，美元基金是中国创投舞台上最耀眼的一群人，凭借着"募投两端在外"缔造了不少经典互联网回报案例。如今，纯美元基金几近式微，本土化成为仅剩不多的选择。

> "过去几年，我有一个特别强烈的感受，就是个人的命运、投资机构的命运，抑或是创投行业的命运，前所未有地和国家的命运紧密地联系在了一起。"

创投这个行业有着一条亘古不变的法则：适者生存。当大环境变化时，适者生存的重要性就更为凸显，投资机构唯有积极适应变化，才能持续发展，不要让过去的成绩变成了改变的包袱。"时代的钟摆来到了长期扎根本土的人民币基金这里。"在与《投资界》交流的最后，刘昼一声感叹。

附　录

盘点中国创投 23 年：多少钱流转、多少人离合、多少事留存

2001 年 │ 创投崛起元年　拓荒者们登上历史舞台

王守仁（左上）、熊晓鸽（右上）、倪正东（左下）、陈友忠（右下）

2001 年，中国创投开启了自己的元年。世界范围内，互联网泡沫破灭的余波未散，国外风险投资遭受重创。不过，远在东方的中国，风险投资正作为一个朝阳行业冉冉升起。

美元基金方面，熊晓鸽所率领的 IDGVC 逐渐崭露头角。在前一年的互联网泡沫中，IDGVC 把握住机会投资了百度、携程网等后来的知名互联网项目。伴随着投资日渐成熟，IDGVC 日后的"七长老"团队也组建完成，他们开始影响到日后风投乃至整个中国互联网行业的发展。

　　除了 IDGVC 之外，美元基金呈现出两种发展趋势：一种是国外知名公司、机构开始组建自己的中国区团队，比如，邝子平所代表的英特尔投资、徐新所代表的霸菱投资；另一种是改革开放后，最早嗅到机会的中国香港及台湾投资机构开始进场，其中最具代表性的莫过于宏碁投资的陈友忠。

2001 年第一届 CVCF 会上，嘉宾颁奖、圆桌论坛等合影

　　本土创投的崛起是 2001 年的最大亮点。1998 年，全国政协九届一次会议上，《关于尽快发展我国风险投资事业的提案》这份提案引发了一场高科技产业新高潮。风险投资由此在中国真正进入了一个高速发展期。

　　随后的 2001 年，本土创投开始进入"井喷"时期。这一年，深圳市创新科技投资有限公司（简称深创投）在阚治东的掌舵下迎来第一个"黄金时期"。阚治东在担任深创投总裁的 2 年时间里，曾设立过一个"三段式"的盈利模式。其"终极阶段"是以管理费收入以及利润分红的收入作为主要来源。这也为后来的本土创投机构所借鉴。

另一位开始进入创投舞台的是朱立南。1997 年，朱立南返回联想；2001年开始创立联想投资并任总裁、董事总经理。

2001 年，那些风华正茂的 VC/PE 界代表人物

阚治东，深圳创新科技投资公司总裁

1999 年，阚治东创立深圳市创新科技投资有限公司（深创投），并担任总裁。在深创投期间，他主导投资的项目有 34 家在国内外证券交易所上市。对于中国本土创投而言，阚治东的地位相当高，他提出的一系列投资管理模式为后来者所借鉴。

冯涛，上海联创投资有限公司总裁

1995 年，冯涛在加拿大艾芬豪投资集团任高级副总裁，专业从事矿业的风险投资。1997 年，艾芬豪投资了新浪。据说这是中国第一笔国际风险投资，而令冯涛非常得意的是投资新浪获取了 5 000 万美元的收益。1999 年 7 月，冯涛创立上海联创投资管理有限公司（后更名为上海永宣创业投资管理有限公司），成为业内一线投资人。

朱立南，联想投资公司总裁

1997 年，朱立南返回联想集团；2001 年
创立联想投资有限公司并担任总裁、董事总经
理，是投资决策委员会成员。在他的领导下，
联想投资（后更名为君联资本）成为日后我国
本土最具代表性的投资机构之一。

徐新，霸菱投资（亚洲）公司合伙人

2001 年，徐新作为霸菱投资（亚洲）公司
合伙人开始在创投圈崭露头角。1999 年，徐新
给网易投资了 500 万美元，当 2000 年互联网
泡沫到来时，网易股价下跌，徐新在 2001 年
经历了她人生中最艰难的时刻。不过，她顶住
压力，在日后创立今日资本，开始向世人证明
她的眼光。

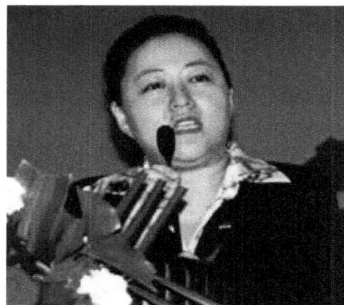

赵军，中国创业投资有限公司副总裁

2001 年，赵军是中国创投圈最有
影响力的人物之一。当时，赵军担任中
国创业投资有限公司（China Vest）副
总裁。在加盟中国创业投资有限公司之
前，赵军曾在美国从事过多年的跨国公
司的项目管理、公司兼并重组以及商业拓展工作。

2002 年 | 本土创投进入"寒冬" IDGVC 开始早期布局

倪正东、陈玮、王强、祁榕、吕谭平、王守仁、陈友忠（左起）

　　2002 年，中国本土创投迎来了最为惨痛的"寒冬"。创业板未能如期开放让本土创投的退出渠道被阻断。在当年，仅深圳一地就有近百家本土创投机构倒闭。深创投、达晨等今天知名的本土机构在那一年的日子都不好过。

　　前一年风生水起的阚治东临危受命，应深圳市政府邀请出任濒临破产的南方证券的总裁。终因窟窿巨大、支持有限、内部关系错综复杂等原因而无力回天，并于 2003 年 12 月初辞职。

2002 年第二届 CVCF 会上，会议现场、圆桌论坛等合影

和本土创投发展的境遇不同，美元基金则开始了互联网泡沫后的新一轮布局，其中尤以熊晓鸽带领的 IDGVC 为代表。在互联网泡沫后，IDGVC 开始物色那些"物美价廉"的互联网公司。日后证明，这一次的收获颇丰。

2002 年的一个晚上，IDGVC 合伙人杨飞与李彦宏谈了 6 个小时改变商务模式的问题。按照原来的模式走，不足以支持百度成为一个大公司，最好的方式就是让百度成为搜索引擎的服务提供商，成为新兴的媒体。

李彦宏与杨飞的这次现代版"隆中对"也为日后百度的战略指明了方向。百度最终成为搜索引擎老大并位列 BAT 三巨头之一，这早在十多年前便已是两人定下的目标。杨飞也成为当年最具影响力的投资人之一。

2002 年，那些初露锋芒的 VC/PE 界代表人物

杨飞，IDGVC 技术创业投资基金合伙人

在百度第二轮融资的时候，杨飞代表 IDGVC 投入 150 万美元，IDGVC 共获得百度 5% 的股权。回顾当时的环境，互联网经济正处于最寒冷的严冬，大家都对互联网公司避之不及，杨飞的投资一度被看作是勇敢的尝试。对于百度的投资也标志着 IDGVC 在互联网泡沫之后开始逐渐成为中国创投圈的领军者之一。

孙强，华平创业投资有限公司董事总经理

孙强是田溯宁的伯乐之一。1997 年，投资亚信让孙强一举成名。后来，孙强为了帮助亚信这支年轻的创业团队，积极推动亚信引进专业人才。在中国的创投圈中，孙强可以称得上是元老级人物。

陈玮，深圳市创新投资集团有限公司董事、总裁

2002 年任深创投总裁，后来创立东方富海。对于中国本土创投而言，陈玮的最大贡献在于改革创投机制。他将国外的合伙人机制与本土的政府基金相结合，将创投引导基金这种模式引入到深创投，这也成为日后本土创投发展的重要推动力量之一。

2003 年 │ 老虎基金重返中国　新一轮互联网布局开启

2003 年第三届 CVCF 会上嘉宾演讲、圆桌论坛、颁奖等环节合影

　　经历了前一年的"寒冬"，2003 年的创投行业开始展现出一些"回暖"的迹象。尽管本土创投依然还在"寒冬"中挣扎，但外资创投则再度盛装出场：以老虎基金为代表，一批外资主流基金在这一年重返中国；3 月，软银亚洲 4000 万美元注资盛大，标志着外资巨头们开始对中国互联网的新一轮布局；蒙牛的融资揭开了大额投资并购的序幕；掌中万维、3721 的并购则让中国创投寻找到新的退出渠道；携程完成上市，开始让四位年轻人走上历史舞台……

　　在这一年，有两件事值得创投和互联网圈铭记。一是软银亚洲主导的对盛大的投资，从投进去到退出仅花了 20 个月，风投以 16 倍的回报退出，这个战绩已成为中国 MBA 教学的经典案例。

另一件事是携程网的上市。1999 年 5 月，梁建章与季琦、沈南鹏、范敏共同创建了携程旅行网（携程网）。四人按各自专长分工：季琦任总裁，梁建章任首席执行官，沈南鹏任首席财务官，范敏任执行副总裁。

2003 年，那些具有里程碑意义的代表事件

软银亚洲投资盛大

2003 年 3 月，软银亚洲正式与盛大公司签署 4 000 万美元的投资协议，软银亚洲因此持有盛大 21.5% 的股份。一年又两个月后的 2004 年 5 月，盛大成功在纳斯达克上市，募资 1.52 亿美元。据悉，在这笔交易上，软银亚洲预计回报超过 16 倍。

携程网上市

2003 年 12 月，携程网在纳斯达克上市，募资 7 560 万美元。1999 年 5 月成立的携程网，当年 10 月就获得 IDGVC 的第一轮投资；次年 3 月获得软银集团的第二轮投资；2000 年 11 月则再次获得以凯雷集团为首的第三轮投资。三次共计吸纳海外风险投资近 1 800 万美元。2001 年 10 月，携程网实现了盈利；2003 年携程网成功上市。

马云创立淘宝网

马云在 1999 年创立阿里巴巴后，又在 2003 年创立淘宝，彼时没有人想到淘宝（或者阿里系）能够成为影响中国互联网世界的庞大力量。很多评论者认为阿里巴巴当时进入 C2C 领域，是带有"防守"性质的。eBay 已并购易趣网进入中国电商市场中的 C2C 领域，若再进入 B2B 领域，那将对阿里

巴巴造成灾难性打击。所以，马云抢先一步入局 C2C，将战火点燃在对方领域内。

2003 年，那些业绩超凡的 VC/PE 界代表人物

章苏阳，时任 IDGVC 技术创业投资基金合伙人

1999 年 10 月 1 日，章苏阳主导了对携程网的投资。也正是这件事成为互联网泡沫破灭后中国第二轮互联网热潮的起点。在后来的退出过程中，IDGVC 获得了超过 34 倍的高额回报。"投资携程网的时候，我跟沈南鹏在一个咖啡厅把价格谈好了，然后就在协议上签了字，完全没有什么庄严的仪式。"章苏阳说，"当时他们只要 43 万美元。"作为回报，IDGVC 获得了携程网 5% 的股权。这也成为这位 IDGVC "七长老"的代表案例之一。

陈立武，时任华登国际投资集团董事长

彼时，华登国际作为外资创投的代表，在 20 世纪 90 年代末先后主导了对于华润上华、安凯科技、智芯科技、中芯国际等公司的投资。在 2003 年，陈立武创办并领导的这家国际巨头开始尝试把决策权下放，其中主导原因就是其错过了对盛大与阿里巴巴的投资。

2004 年 | 阿里引入软银投资　上市" 窗口期 "开启" 黄金时代 "

2004 年第四届 CVCF 会上嘉宾演讲、圆桌论坛、颁奖等环节合影

2004 年，中国创业投资行业延续了 2003 年以来的回暖趋势，投资更为活跃，总额首次突破 10 亿美元大关。据当年清科研究中心数据显示，2004 年的投资案例数量较 2003 年增加 43%，投资金额上升 28%，中国创投业由此进入一个全面复苏和加速发展的时期。

2004 年 2 月，阿里巴巴宣布获得日本软银集团、富达 (Fidelity)、Granite

Global Ventures 和 TDF 风险投资有限公司合计 8200 万美元的战略投资，这是当时国内互联网企业获得的最大一笔私募基金。有关马云与他的阿里帝国的传奇由此揭开序幕。同时，空中网、51job、金融界等多达 8 家互联网企业破纪录地集中于 2004 年在纳斯达克上市，加上之前的盛大网络，2004 年中国互联网圈迎来了真正意义上的第一个"窗口期"。

中国市场的活跃，也开始吸引到越来越多的外资基金。2004 年 6 月 19 日至 26 日，一个由美国风险投资家组成的代表团访问了上海和北京，这其中包括硅谷银行的 8 名高层，以及 25 位著名风险投资家。凯雷、DCM、NEA 等先后在国内设立分部，预示着中国创投即将迎来一个"黄金时代"。

时任 IDGVC 副总裁的李建光当时这样总结 2004 年："在这个行业，我们（在中国）经历了十年的痛苦，差不多每年年底都是在总结经验教训，而 2004 年我想大家可以庆祝一下了。"

2004 年，那些具有里程碑意义的代表事件

孙正义和马云：阿里巴巴获得软银投资

虽然淘宝取得了市场占有率上的成功，但这种成功是建立在淘宝免费而 eBay 收费的基础上的，这让阿里巴巴一直承受着资金压力。虽然马云说阿里巴巴 2004 年已实现了"每天利润 100 万"的目标，但淘宝依然缺钱没利润。2004 年 2 月，软银等四家公司曾向阿里巴巴战略投资 8200 万美元，其中软银投资 6 000 万美元。

在经历了互联网泡沫的"洗礼"后，中国互联网逐渐恢复了元气。随着 2003 年携程的上市，2004 年中国互联网迎来了一个上市"窗口期"。除了盛大网络，空中网、51job、金融界等多达 8 家互联网企业也集中赴美上市。在

这些互联网公司背后，都有着早期布局的创投机构。可以说，2004 年让中国的创投者们第一次品尝到了"胜利的果实"。

2004 年，那些业绩超凡的 VC/PE 界代表人物

阎焱，时任软银赛富基金首席合伙人

对于因投资盛大而一炮打响的软银亚洲，阎焱功不可没。从 2001 年，阎焱担任软银亚洲基础设施基金总裁及执行董事总经理开始，这家投资机构就一直主导着中国互联网的明星企业投资。2004 年，对于阎焱来说是重要的一年。这一年他开始担任软银赛富基金管理有限公司首席合伙人，并于 2005 年将软银亚洲管理团队独立出来，成立了软银赛富。

吴尚志，时任鼎晖创业投资中心董事长

2001 年 4 月，证监会下达通知：证券公司不得直接或通过参股风险投资公司间接进行风险投资……已参与风险投资的证券公司要进行清理和整改，并于 6 个月内完成清理整改工作。同年 7 月，中金分拆直投部，吴尚志团队顺势接手了这盘业务，成立了鼎晖投资。2002 年，鼎晖联合摩根士丹利、英联一同投资蒙牛；2004 年 5 月，三方又追加投资 3 523 万美元。这也被视为一个经典投资案例。

林栋梁，时任 IDGVC 技术创业投资基金合伙人

林栋梁是 IDGVC 技术创业投资基金合伙人，IDGVC"七长老"之一。2003 年，林栋梁接到 IDGVC 上海同事转过来的一个项目，他便飞到福州去见这个公司的创始人。此人正是网龙创始人刘德建。令人意外的是，两人第一次见面就口头达成了投资意向。2013 年，他所投资的网龙以 19 亿美元将子公司 91 无线卖给百度，成为中国互联网产业当时最大的并购案。

2005 年 ｜ 沈南鹏入主红杉中国　股改全流通"救赎"本土创投

2005 年第三届 CVCF 会上嘉宾演讲、圆桌论坛、颁奖等环节及合影

在中国创投发展的历史中，2005 年是一个值得被载入史册的年份：外资基金大量进入、本土创投迎来新生。清科研究中心的数据显示，2005 年，活跃在中国的中外创投机构共募集到 40 亿美元的基金，相当于过去 3 年募集资金的总和。

2004 年夏天，硅谷知名风投公司联合组织了一次中国旅行，这也被视为中国 VC/PE 行业发展的分水岭。在此之后，一大批外资基金纷纷在中国设立分支机构。其中，最具代表性的就是红杉中国的设立。与其他美元基金的做法不同，红杉资本在全球每一个市场设立基金时，都会选择熟悉本土文化同时又具有互联网感觉的投资人。这一次，他们选择了沈南鹏。

正是因为这次选择，沈南鹏和红杉中国改变了整个中国的创投和互联网历史。而随着红杉中国公司的建立，一批外资背景的基金纷纷设立：邓锋负责的北极光，朱磊负责的赛伯乐，以及 NEA、Accel Partners、SVB 等一批外资机构在中国设立投资分部。

与此同时，从 2001 年开始进入"寒冬"的中国本土创投在 2005 年开始看到曙光。2005 年 4 月 29 日，中国证监会发布《关于上市公司股权分置改革试点有关问题的通知》，宣布启动股权分置改革试点，这就是载入中国资本市场发展历史的"股改全流通"。

日后回忆起这段时光，达晨创投董事长刘昼坦言："2005 年之前，本土创投面临着两难的问题，募资到不了位，投资无法退出，很多人对这个行业产生了困惑和质疑，股改全流通让项目退出渠道开始变得通畅，本土创投从这一刻开始才焕发了新的活力。"

2005 年，具有里程碑意义的代表事件

沈南鹏入主红杉中国

在携程网上市两年后，沈南鹏做出了他人生中最重要的一个选择——建立红杉中国。2005 年 9 月，沈南鹏与另一位创始合伙人张帆，以及红杉资本（Sequoia Capital）一起创立了红杉资本中国基金（红杉中国）。几乎同时，新合伙人周逵、计越加入。虽然彼时风险投资在中国已出现十多年，但顶着红杉资本的光环，沈南鹏与张帆组合马上成了中国投资界的超级明星。

股改全流通开启

对于本土创投而言，大量的非流通股让退出十分困难。2005 年 4 月 29 日，中国证监会发布《关于上市公司股权分置改革试点有关问题的通知》，宣布启动股权分置改革试点。在此之后，本土创投此前投资的项目开始逐渐在二级市场退出。打通了一二级市场通道之后，本土创投开始逐渐登上历史舞台。

2005 年，那些业绩超凡的 VC/PE 界代表人物

沈南鹏，2005 年 7 月成为红杉中国创始合伙人

经历了携程的创业和上市，沈南鹏对中国早期的互联网有了敏锐的嗅觉。2005 年创立红杉中国后，沈南鹏便开始了他那精彩的"赛道"布局。

2006 年 | 本土创投" 破茧 " IDGVC、赛富焕发" 新生 "

2006 年第六届 CVCF 会上嘉宾演讲、圆桌论坛、颁奖等环节合影

伴随着 2005 年外资机构纷纷进入中国，2006 年的创投圈呈现出一派欣欣向荣的景象。一系列政策的出台让中国的创投行业日趋规范。2006 年 8 月 8 日商务部等六部委以 "2006 年第 10 号令" 联合公布了《关于外国投资者并购境内企业的规定》(以下简称《10 号文》) 对国内创业投资产业带来了不小的影响，这种影响主要集中在创业投资机构对被投资企业的退出上。

天使投资开始在这一年初见雏形。比如，当年的空中网 CEO 周云帆、北极光的杨镭等都加入了天使投资人的行列。在外资机构纷纷设立中国基金的同时，第一批在互联网风口中获得财务自由的创业者们开始扮演起天使投资人的角色。

对于本土创投而言，2006 年同样是一个值得纪念的年份。2006 年，同洲电子在深交所中小板挂牌上市，中国本土风险投资在国内资本市场迎来首个 IPO 退出，达晨创投和深创投由此成名。

在日后的回忆中，达晨创投董事长刘昼和深创投前董事长靳海涛都将同洲电子比喻为本土创投的划时代节点。同洲电子的上市使得本土创投有了真正意义上的退出，在此之后，属于本土创投的时代悄然到来。

2006 年，具有里程碑意义的代表事件

同洲电子上市

2006 年，同洲电子登陆中小板。2000 年 12 月 28 日，达晨创投和深创投分别以 960 万元人民币和 384 万元人民币增资同洲电子，分别获得 10% 和 4% 的股权。伴随着同洲电子的上市，达晨和深创投这两家老牌本土创投企业重新焕发了活力，这也代表着本土创投企业开始进入了一个新纪元。

2006 年，那些业绩超凡的 VC/PE 界代表人物

周全，IDGVC 合伙人

作为和熊晓鸽同样重要的 IDGVC 创始人之一，周全一直表现得非常低调。不过，2006年，创投圈的目光重新聚焦到这位 IDGVC 创始人身上。2006 年，IDGVC 与 Accel Partners 共同发起的 IDG-Accel Growth Fund I 成立，规

模达到数亿美元。如同周全后来回忆的那样，此前的 IDGVC 苦于项目太多，没钱投资。这次合作之后，IDGVC 开始转变。

阎焱，赛富开始步入正轨

2005 年，在经过与软银的艰难谈判之后，软银赛富独立。由阎焱主导的这次事件被业界称为"VC 独立运动"，而这也让阎焱正式在中国的创投江湖中确立了自己的领袖地位。2006 年，赛富开始步入正轨。当年，阎焱募集的第三期基金是 11 亿美元。期间，李嘉诚曾主动表示要向赛富投资 3 亿美元，然而赛富最终却只接受了 1800 万美元。在此之后，包括投资 58 同城在内的一系列经典项目，证明了阎焱在创投圈中的江湖地位。

2007 年｜阿里巴巴香港上市成就软银　本土创投进入收获期

2007 年第七届 CVCF 会上嘉宾演讲、圆桌论坛、颁奖等环节合影

　　2007 年的创投圈继续着之前的火热状态。受益于 2007 年二级股票市场的火热行情以及人民币进入快速升值期，国内资产也开始了重新估值的进程。国内经济的高速成长、A 股股改初见成效等因素，直接推动中国股市进入了前所未有的大牛市。中国市场、中国企业、中国资产，正日渐成为"投资价值"的代名词，因而推动了国内外创投机构扎堆淘金中国。

　　中国资本市场的变化也吸引了国际投资巨头们的目光。同为国际私募股权投资基金巨头的黑石和 KKR 也开始在中国进行投资。2007 年 9 月 10 日，黑石集团宣布向中国蓝星集团投资 6 亿美元，占其 20% 的股份。仅隔 7 天，KKR 完成了对河南天瑞水泥的投资，持有后者约 43.2% 的股份，投资总额达 1.15 亿美元。国际私募巨头们正式开始了在中国市场的布局。

在外资走进来的同时，中国互联网公司也开始了新一轮的走出去。2007 年 11 月 6 日，阿里巴巴网络有限公司在香港联交所主板挂牌上市。与此同时，包括金山、完美世界、网龙、巨人在内的四家网游公司赴纽约上市，也标志着网游行业新一轮竞赛的开始，而远不是竞争的结束。

2007 年，具有里程碑意义的大事

阿里巴巴香港上市

2007 年，阿里巴巴筹备在香港上市时，恰逢全球科技股大热和香港投资热钱膨胀时期。同时，市场受到对马云和阿里巴巴的信心的影响，路演情况良好。根据当时媒体披露的数据，阿里巴巴获得了机构投资者 50 倍以上的超额认购。

本土创投进入收获期

随着股改全流通开启，本土创投进入收获期。本土创投本土化的人才战略和管理模式、与当地政府良好的公关关系、对中国市场和行业发展的准确把握、与当地政府引导基金的密切合作以及国内资本市场 IPO 退出方面娴熟的运作能力，都有利于本土创投获得大量优质的项目资源，在与外资创投的竞争中占得先机。

2007 年，那些业绩超凡的 VC/PE 界代表人物

刘海峰，时任 KKR 全球合伙人

作为 KKR 全球合伙人，刘海峰一直以低调著称。不过在 2007 年，KKR 的高调曝光让世人逐渐开始了解这家机构和刘海峰。除了完成对河南天瑞水泥 1.15 亿美元的投资外，2007 年 KKR 还完成了第一支亚洲基金 40 亿美元的募集。在 KKR 的投资案例中，包括蒙牛乳业、平安保险、百丽鞋业、远东租赁、现代牧业、南孚电池、山水水泥、恒安国际、中国脐带血库、联合环境等。

邓锋，时任北极光创始人兼董事总经理

在 2005 年成立北极光投资后，邓锋与他的团队在 2007 年开始被业内熟知。2007 年 6 月，其投资的展讯通信成功在纳斯达克上市。除此之外，在仅仅成立不到两年的时间内，邓锋带领的北极光先后投资了珠海矩力、百合网、红孩子、Mysee 以及连连科技等项目。

焦震，时任鼎晖投资总裁

作为鼎晖投资总裁，焦震对行业的判断极其准确。在王功权加入鼎晖后，2007 年，这家本土的老牌机构开始了全产业链试水，其背后主导者正是焦震。除了设立地产投资基金外，焦震还主导了对汉庭等项目的投资，鼎晖投资由此开始了其大资产的全面布局。

2008 年 │ 金融海啸席卷全球 社保基金入市，经纬中国成立

2008 年第八届 CVCF 会上嘉宾演讲、圆桌论坛、颁奖等环节合影

2008 年的金融危机席卷全球，让一度处于上升阶段的创投遭遇重创。股市的持续低迷，使资本市场的融资功能大减，新股发行频率降低直至停滞。在清科研究中心关注的 13 个资本市场上，共有 277 家企业上市，合计融资568.48 亿美元，上市数量和融资额较 2007 年分别减少 62% 和 68%。中国企业境内外上市数量和融资额也双双缩减，2008 年共有 113 家中国企业在境内外资本市场上市，较 2007 年减少 129 家；合计融资 218.30 亿美元，较 2007年减少 79%。上市数量、融资额和平均融资额均创三年来新低。

新股上市频率和融资规模的急剧下降，也使 VC/PE 支持的 IPO 退出大幅

收缩。2008年，共有35家VC/PE投资支持的中国企业在境内外上市，合计融资34.20亿美元，上市数量、融资额和平均融资额均处于三年来低谷，其中上市数量较2007年和2006年分别下降63%和10%，融资额分别减少90%和89%。

和外资基金境遇不同的是，本土创投却在悄然崛起。政策面的利好频现。2008年3月，证监会决定在中信、中金直投试点的基础上适度扩大券商直投试点范围，华泰、国信等8家符合条件的证券公司相继获准开展直投业务。政府创投引导基金的杠杆效应逐步显现，加之全国社保基金等多类金融资本获准自主进行股权投资，使本土机构融资渠道大为拓宽，带动人民币基金强势崛起。

2008年，具有里程碑意义的大事

社保基金获批投资私募股权基金

2008年4月，全国社保基金获准自主投资经发改委批准的产业基金和在发改委备案的市场化股权投资基金，可投资金额近500亿元，鼎晖投资和弘毅投资旗下的人民币基金首批获投。

经纬中国创立

2008年，邵亦波与张颖创立经纬中国。伴随着徐传陞的加入，这家老牌投资机构在中国展现出了"更早，更专注"的投资理念。在当年金融危机的背景下，经纬中国先后投资了安居客、暴风影音、华康金融、科锐国际、保利博纳等十余家公司。随后，经纬中国成为最为知名的外资机构之一。

2008 年，那些业绩超凡的 VC/PE 界代表人物

陈浩，时任联想投资董事总经理、投资总监

金融危机对外资基金所带来的影响给当时
的本土创投们带来了机会，时任董事总经理、
投资总监的陈浩便是其中代表。2008 年 5 月 12
日，科大讯飞登陆中小板，发行价 12.66 元，以
30.31 元报收，涨幅达 139.4%。作为背后投资人的陈浩开始与联想投资（后
改名君联资本）一起开始为业内所熟知。

赵令欢，时任弘毅投资总裁

同为"联想系"掌舵人的赵令欢带领弘毅
投资成为 2008 年海外并购的领头者。2008 年
金融危机爆发后，海外资产价格下跌，赵令欢
看准此时机会，果断进行布局。2008 年，弘
毅联合所投资企业中联重科收购了意大利公司 CIFA，帮助中联重科拓宽了欧
洲市场，赵令欢称之为"向外收购"。

邵亦波、张颖、徐传陞，经纬中国创始管理合伙人

2008 年，经纬中国就在这样的组合下诞
生。在当年的金融危机背景下，经纬中国的
投资步伐并未减慢。

2009 年｜创业板开了！本土创投崛起

2009 年第九届 CVCF 会上嘉宾演讲、圆桌论坛、颁奖等环节合影

2009 年是中国 PE/VC 历史上值得大书特书的一年。2009 年 10 月 30 日，期待已久的创业板在深圳推出，多年来苦无退出渠道的中国本土 PE 终于迎来了爆发式的收获。

首批 28 家创业板公司背后是 20 家风险投资公司。统计显示，风险投资机构在这些公司上市前一共投入了近 7 亿元资金，最终赢得了平均 5.76 倍的回报。从此，中国的人民币股权投资风生水起，一时间全民 PE，到处都是 Pre-IPO。

在人民币基金欢天喜地庆退出的时候，美元基金却徘徊在低谷。受 2008

年全球金融危机的影响，美元基金退出受阻，美元基金和人民币基金的表现呈现冰火两重天。创业板上市公司背后鲜有外资 VC/PE 的身影，仅有英特尔投资和华平两家外资机构退出，外资机构分享创业板财富盛宴的机会极少。

2009 年，具有里程碑意义的代表事件

创业板开通

2009 年 10 月 30 日，伴随着创业板开市钟声的敲响，证监会耗时 10 年磨砺打造的"中国纳斯达克"——创业板火热出炉。当日创业板首批 28 家公司集体上市，平均涨幅达到 106%。

创业板的推出，对于中国本土 VC/PE 意义非凡。它打通了整个人民币基金的募、投、管、退全链条，使得"本土募集、本土投资、本土退出"的创投模式最终形成。

2009 年，实力雄厚的 VC/PE 界代表人物

靳海涛，时任深创投董事长

作为中国第一家创投集团，深创投诞生在 1999 年。即便在 2009 年这个时候来看，深创投也是属于老牌国有背景的创投机构，资本实力雄厚，但是与大多数人民币基金一样，苦于没有退出渠道。2009 年创业板开启对深创投来说无疑是史上最大的利好，创业板首批 28 家企业中有 4 家有来自深创投的投资，前期的积累一朝爆发，这 4 笔投资直接将深创投送上了中国创业投资 50 强榜单第一名的位置。

刘昼，达晨创投创始合伙人

达晨创投，2009 年度最活跃的 VC 之一，创业板开启的另一大赢家。这一年，达晨投资的项目中有 4 家成功实现 IPO：爱尔眼科、网宿科技、亿纬锂能和蓝色光标。同年，蛰伏 3 年获得 20 多倍回报的福建圣农被评为 2009 年最佳退出案例，达晨创投的刘昼也因卓越的投资表现被评为 2009 年最佳创投家。加上 2006 年达晨创投成功完成的中国创投里程碑事件：第一个通过上市的方式退出的投资案例——同洲电子，达晨创投奠定了在中国本土创投机构中的领先地位。

张维，基石资本董事长

基石资本董事长张维是一个很稳的人，他对基石资本的定位是"中等规模，严格控制品质"。从 2000 年创立到 2009 年，作为国内历史最久的 PE 投资机构之一，历经数次市场跌宕，基石资本却因投资"稳且准"取得了丰厚的投资回报。创立近 10 年，但是只投资了不到 30 个项目，这背后是基石资本自己的投资原则和投资风格：坚持成长投资，不投机，退出上也不完全依赖 IPO。基石资本投资霸气十足，它看中的项目，一般都会去领投，并且会给予强大的后续服务。

2010 年 | 全民 PE　一场不期而至的泡沫

2010 年第十届 CVCF 会上嘉宾演讲、圆桌论坛、颁奖等环节合影

2010 年，创业板利好持续发酵，国外 IPO 市场高歌猛进，2010 年成为 PE 行业飞跃式发展的标志性年份。

这一年，深创投投资的企业有 26 家 IPO 上市，创下了当时全球同行业年度 IPO 退出的世界纪录，此后深创投常年保持中国本土创投机构榜单前三名的位置。以深创投、达晨创投、同创伟业为代表的本土创投机构强势崛起，清科 2010 年中国创业投资暨私募股权投资年度榜单的前 10 名中，除凯雷、鼎晖、高盛直投外，其他均为本土机构。

2010 年曾是中国企业赴美上市的最高峰，当年共有 43 家企业赴美 IPO，融资 39.9 亿美元。

2010 年也是国内新股发行数量的最高峰，当年 309 家的 IPO 数量远超历年 142 家的平均值。而在创业板 IPO 的企业也不负众望，大多具备很强的创新性，被二级市场投资者极度看好。

当然，高回报的退出，自然吸引了大规模的资金进入。根据当年的数据统计，2010 年 VC/PE 募集资金 1 768 亿元，相当于 2009 年的 2 倍。

2010 年的另一个行业动向是 VC/PE 机构开始双币化。在大量资本进入的同时，VC/PE 市场不可避免地开始泛起了巨大的泡沫。

2010 年，那些具有里程碑意义的代表事件

险资开闸

2010 年，中国私募股权投资市场合格机构投资人迅猛扩容。2010 年 8 月初，保监会下发《保险资金运用管理暂行办法》，9 月颁布《保险资金投资股权暂行办法》，放开了保险资金从事股权投资的政策限制。截至 2010 年 8 月，我国保险公司资产总额达 4.75 万亿元。按照规定，总资产的 3% 可用于股权投资，其规模约 1 500 亿元。

社保再下注

继 2008 年经批准投资鼎晖、弘毅投资之后，2010 年社保基金再度投资中信产业投资基金、IDG 资本、联想投资及弘毅投资，进一步加大了在股权投资领域的投资配比。虽然后来社保基金对于股权投资一度陷入停滞状态，

但是通过 IDG 资本投资的暴风影音在 A 股上市，其在 2010 年期间的投资回报可谓大大超出预期。

搜房网上市

9 月 19 日，15 岁的搜房网在纳斯达克交易所挂牌上市，成功融资约 1.25 亿美元。"它可能是最最成功的 MBO（管理层收购）。"IDG 资本的熊晓鸽曾这样评价搜房网的 IPO。熊晓鸽也透露，IDG 资本在搜房网上市之前也有一轮加磅投资，并取得了很高的回报。这笔被投资人高度评价的退出，让搜房网成功成为"2010 年中国最佳创投退出案例"。

2010 年，那些叱咤风云的 VC/PE 界代表人物

沈南鹏，红杉中国创始合伙人

2010 年，经红杉中国"包装"而赴美上市的中国企业达到 7 家：乡村基、麦考林、利农国际、诺亚财富、博纳影视等。另外，2010 年 8 月，乾照光电以超过 70 倍的市盈率登陆创业板，成为红杉中国首个在国内创业板上市的项目。从 2005 年创办红杉中国到 2010 年，5 年的行业深耕在 2010 年一举爆发。凭借这一连串漂亮的退出，沈南鹏这一年一举摘得清科 2010 年中国最佳创业投资家桂冠，并首度登上"福布斯中国最佳创投人"排行榜榜首。沈南鹏的表现也震惊了美国红杉资本总部。

郑伟鹤，同创伟业董事长、创始合伙人

2010 年 4 月，同创伟业投资的当升科技在深圳创业板上市。在这个项目上，同创伟业投资 3 年，获得 45 倍回报。随后，奥克股份、康芝药业、新大新材、国联水产以及乐视网等先后登陆创业板，再加上在中小板 IPO 的欧菲光，2010 年，同创伟业通过 IPO 退出的项目多达 7 家。十多年的律师经历，帮助几十家企业 IPO，这里面有成功，也有失败，郑伟鹤了解中国法律和政策。所以，"我闻都闻得出哪些企业可以上市"。

冯涛，上海永宣创始人

2010 年是本土创投机构集体收获的一年，在上海永宣所投资的公司中，完成 IPO 的更是有一长串：其中包括郑州煤矿机械、汉王科技、新疆西部牧业、碧生源、大全新能源公司等。"我们今年有 10 家公司上市，其中境内 6 家，境外 4 家。"冯涛曾说。在 2009 年创业板开通时，首批 28 家上市企业中，欧比特、鼎识科技的背后也都有上海永宣的身影。当时，上海永宣人民币基金规模为 40 亿元左右，美元基金规模为 3.5 亿美元左右。一向不喜欢扎堆的冯涛，之后将投资重心转向了人烟稀少的西部和在创投业少人关注的矿业投资。

2011 年 ｜ Pre-IPO 的 PE 投资达历史顶峰鼎晖、达晨 10 年增长 100 倍

2011 年第十一届 CVCF 会上嘉宾演讲、圆桌论坛、颁奖等环节合影

　　经过 2010 年的飞速发展，2011 年 VC/PE 如涨潮般涌入了数以千万计的后来者。2011 年成了中国 PE 爆棚扎堆的年份，专门面对 Pre-IPO 的 PE 投资也在这一年达到了历史顶峰。

　　2000—2011 年是整个 VC/PE 的高速发展期，鼎晖投资在 2001 年管理的基金规模为 1 亿美元，而 2011 年已大概管理着 100 亿美元，管理的资产规模增长了 100 倍。IDG 资本管理的资产规模增长了约 60 倍，达晨创投也增长了近 100 倍。

在 2008 年之前，美元基金是市场的主导者，占投资总额的 70% 以上，有时甚至占到 90%；2 年后，人民币基金已经成为创投市场的主要力量，但做得好的创投还是美元基金居多。

高昂的势头并没有持续很久。所谓物极必反，在 2011 年下半年，IPO 发行总数比 2010 年同期有所下降。同时，全球资本市场也发生了变化，赴美上市的中概股从受到热捧变为面临危机，境外市场上市的窗口期正在关闭。

退出难、回报率下降，反过来使得募资市场变得非常难。尤其是对于小基金，种种变化都似乎在预示着行业寒冬正在到来。

2011 年，具有里程碑意义的大事件

美国出台借壳上市新规，中概股上市捷径受限

2011 年 11 月中旬，美国证券交易委员会出台新规，任何希望通过反向并购上市的公司都必须满足更加严格的上市要求。反向收购上市曾经是国内企业赴美上市最常用的方式，其操作简单，时间周期短，变现容易，是国内创投业实现投资退出的一个捷径。

中概股做空第一案

2011 年 4 月，Citron 发布报告质疑东南融通财务欺诈、夸大收入。三个月后，纽交所宣布东南融通退市。在 Citron 和 Muddy Water 等西方做空机构频频得手的影响下，美国股市 2011—2012 年掀起中概股做空高潮，约两年内有 40 家中国企业退市。

2011年，业绩超凡的VC/PE界代表人物

吴尚志，鼎晖投资董事长

鼎晖在2011年只有1单IPO退出，但正是这单退出给鼎晖带来了史上最高投资回报。2011年奇虎360成功在美国纽交所敲钟上市，鼎晖投资回报高达36倍。这一年，鼎晖已经有私募股权投资、创业投资、地产投资和证券投资四大主营业务部门，共管理PE基金8支、VC基金3支，总规模55亿美元。吴尚志也因带领鼎晖长久以来取得的卓越投资战绩获得了中国VC、PE领域终身贡献奖。

徐锦荣，江苏高投董事长

江苏高投投资的吉鑫科技是国内最大的风电铸件生产企业，2011年5月成功登陆上交所，这笔投资以4年回报9.84倍的业绩，成为江苏高投的经典案例之一。徐锦荣也带领江苏高投开始了市场化改制之路。2014年，江苏高投改制完成，其力度与效果都算得上是国资投资机构市场化改制的范例。

2012 年 | PE 深陷困局　投资阶段前移

2012 年第十二届 CVCF 会上嘉宾演讲、圆桌论坛、颁奖等环节合影

2012 年，中国 PE 行业步入严冬。

2010 年和 2011 年的"全民 PE 时代"已经将 PE 行业变成了一片红海，VC/PE 在 2012 年退出非常困难。

一方面，国内二级市场持续低迷，IPO 明显降温，富人捂紧了钱袋子，持续投资能力下降，VC/PE 行业募资、投资活跃度双双明显下滑，退出困难，投资回报率也大幅下滑。

另一方面，美国资本市场，中概股在美国资本市场遭受冷遇。从 2012 年 3 月唯品会上市到 11 月欢聚时代上市，中间 8 个月出现空档期，8 个月内没有一家中国公司在美国资本市场上市。

当年的清科研究中心数据显示，与 2011 年同期相比，2012 年募资金额缩水近 70%，投资金额下降了 42%。2012 年前 11 个月，中国企业上市家数比上一年下降了 40%，融资的金额下降了 60%。2012 年 IPO 退出数量只是上一年的一半。而这一年的退出账面回报以平均 4.38 倍创下创业板开启以来的回报新低。其中，12 个创投投资项目遭遇负回报，另有 40 个投资项目"险些没赚到钱"。

整体陷入困局的 PE 开始谋求转型，一部分 PE 将目光投向创业早期，将投资阶段向 VC 前移；另一部分 PE 开始将工作重点转向并购。

2012 年，那些具有里程碑意义的代表事件

唯品会上市

2012 年 3 月，在对中概股的一片质疑声中，专做品牌尾货特卖的电商唯品会在纽交所挂牌。当时 6.5 美元的发行价并不高，但却遭遇破发。出乎意料的是后来股价一路飙升，到高点时累计增长了 20 多倍，唯品会正式成为"妖股"。上市之前多次追投唯品会的红杉中国、DCM 投资回报达数十倍。

分众传媒私有化

2012 年 8 月，分众传媒宣布私有化，凯雷、鼎晖、方源资本等 PE 机构参与私有化过程。2005 年，分众传媒随中概股赴美上市浪潮登陆纳斯达克。从 2008 年以来，遭遇做空后的分众传媒股价一路下跌，最低时股价不到 6 美元。2015 年 12 月，分众传媒借壳获批，成功登陆 A 股。

新三板扩容

2012 年 4 月，监管层提出筹建统一监管下的全国性场外交易市场。2012 年 8 月，经国务院批准，新三板扩容至上海张江、武汉东湖、天津滨海等地。这是新三板日后全国扩容的试水。"老三板"在新政下焕发新生。

2012 年，叱咤风云的 VC/PE 界代表人物

符绩勋，GGV 纪源资本合伙人

GGV 纪源资本是中国 VC 史上第一例中美两家基金合并的成果。2008 年，主打美元基金投资的寰慧投资合并国内本土人民币基金科星，并将名字更改为 GGV 纪源资本。2012 年，GGV 纪源资本管理着六期基金，其中包括四期美元基金和两期人民币基金，总规模约 16 亿美元。符绩勋、吴家骧、李宏玮……只有 7 个人的团队虽然精简，但是效率极高。2012 年的 GGV 纪源资本已经先后投资了百度、去哪儿、土豆网、聚胜万合、美丽说，以及 2012 年成功赴美上市的欢聚时代，稍早前还主导了土豆网与优酷的合并。

2013 年 ｜ VC/PE 寒冬　BAT 疯狂收购

2013 年第十三届 CVCF 会上嘉宾演讲、圆桌论坛、颁奖等环节合影

　　2013 年 12 月 30 日，A 股史上历时最长的第八次 IPO 暂停终于结束。这次 IPO 暂停始于 2012 年 11 月，总历时近 400 天。因此，2013 年的 IPO 退出全部来自境外资本市场。相比 2012 年只有 2 家中概股成功赴美上市，2013 年这一数字提升至 8 家，美国资本市场对中概股重新燃起热情。

　　2013 年以来，并购重组利好政策密集出台，再加上 IPO "堰塞湖"，双重作用下，并购作为 VC/PE 投资的退出渠道开始逐步升温，其中以互联网并购为甚，2013 年互联网并购额暴涨 9 倍。

2013 年，"PE+ 上市公司"模式渐渐成为 PE 热衷的新玩法。这种模式帮 PE 基金躲开了万众奔腾挤独木桥的 Pre-IPO 旧路，开辟了新的退出途径。

2013 年，BAT 展开并购大赛，马化腾先后投资了搜狗和滴滴出行，马云以 3 亿美元收购高德软件，李彦宏更是以 19 亿美元买下 91 无线成为当时互联网史上最大收购案。

2013 年，不仅国内并购市场热闹非凡，海外并购也大单频出，双汇 72 亿美元收购史密斯菲尔德等皆成经典案例。

2013 年，具有里程碑意义的代表事件

证监会接手发改委成为 VC/PE 行业直接监管部门

2013 年 6 月 27 日，中央编制办公室印发《关于私募股权基金管理职责分工的通知》，明确指出，证监会负责私募股权基金的监督管理，实行适度监管，保护投资者权益；发改委负责组织拟订促进私募股权基金发展的政策措施，会同有关部门研究制定政府对私募股权基金出资的标准和规范；两部门要建立协调配合机制，实现信息共享。自此，争论已久的 PE 监管权尘埃落定。

银行禁售私募股权基金产品，募资渠道受阻

受 2012 年 11 月华夏银行上海嘉定支行销售的理财产品无法到期兑付事件影响，银监会于 2013 年 1 月召开的年度工作会议要求"严禁销售私募股权基金产品，严禁误导消费者购买"。由于银行是 VC/PE 机构散户 LP 的重要来源渠道，银监会的此规定从一定程度上抑制了国内募资市场的活跃程度。

2013 年，业绩超凡的 VC/PE 界代表人物

林欣禾——投资 58 同城

林欣禾掌舵的 DCM 所投资的 58 同城于 10 月末在纽交所上市，后者的上市成为 2013 年 TMT 行业最耀眼的案例之一，DCM 获得超过 12 倍账面回报，同时一扫之前中概股在美被做空带来的阴霾。掌舵 DCM，林欣禾投资过的项目均为行业翘楚，包括唯品会、豌豆荚等。

符绩勋——牵线百度，战略投资去哪儿网

2013 年，去哪儿网上市，作为百度与去哪儿网牵线人的符绩勋功绩显赫。这次交易不但为 GGV 纪源资本和他本人带来了丰厚的回报，也让他曾经投资的百度赚得盆满钵满。从牵线百度战略投资去哪儿网，到土豆与优酷合并的幕后推手，符绩勋将投后管理做到了尽职尽责，也为 GGV 纪源资本带来了丰厚回报，外界赠其封号"并购高手""TMT 超人"。

林栋梁——百度 19 亿美元"天价"并购 91 无线

百度 19 亿美元"天价"并购 91 无线是中国移动互联网业并购中的空前绝后一笔。这一年，早年投资网龙、91 无线的幕后推手林栋梁凭借此次并购成为最大赢家。

229

2014 年 │ VC/PE 的"黄金时代" 聚美、京东、阿里巴巴先后上市

2014 年第十四届 CVCF 会上嘉宾演讲、圆桌论坛、颁奖等环节合影

首先，在政策上，2014 年，VC/PE 机构接连收到一系列政策红利。5 月，PE/VC 机构受"国九条"力捧；8 月，《私募投资基金监督管理暂行办法》正式公布，私募基金由"游击队"转向"正规军"；8 月，国务院发文明确险资

可以涉足夹层基金、并购基金、不动产基金等私募基金。

其次，在退出上，2014 年共有 15 家企业陆续赴美 IPO，募资额达到创纪录的 304.52 亿美元。这一年聚美优品、京东、阿里巴巴先后上市。另外，"PE+ 上市公司"型并购基金模式风靡资本市场。2014 年成立的并购基金数量比前几年成立的总和还要多。

最后，新三板如火如荼，2014 年 8 月，做市转让方式启动，做市转让交易额迅速超过协议转让方式。九鼎投资挂牌新三板带来示范效应后，中科招商等一系列 PE 机构开始推进挂牌事宜。多位知名明星投资人自立门户。原鼎晖的王晖创立弘晖资本，原 IDG 资本合伙人毛丞宇成立云启资本，原红杉中国副总裁曹毅成立源码资本……行业内人才流动持续增多，但有助于行业的快速发展。

2014 年，那些具有里程碑意义的代表事件

聚美优品登陆纽交所

2014 年 5 月，聚美优品成功登陆纽交所，开盘后市值直逼 40 亿美元，背后的天使投资人真格基金首笔投资账面回报高达 1 368 倍，创下天使投资回报千倍纪录。红杉中国以超 5 亿美元的退出金额，获得近百倍回报。

京东登陆纳斯达克

聚美优品敲钟 5 天后，京东成功登陆纳斯达克。蛰伏近 8 年的今日资本最终账面回报超百倍，高瓴资本创始合伙人张磊也一夜之间成为最会赚钱的人。

阿里巴巴上市，登陆纽交所

2014 年 9 月 19 日，阿里巴巴在美国纽交所成功上市，250 亿美元的 IPO 发行规模创下了历史最高纪录。当天收盘价较发行价上涨 38%。阿里巴巴投资人软银投资回报超 400 倍，雅虎直接套利 82.96 亿美元。

2014 年，业绩超凡的 VC/PE 界代表人物

徐新，京东上市，投资回报 150 倍

2007 年 8 月，京东获得今日资本 1 000 万美元 A 轮投资。随后在京东最艰难的时候，徐新拉来自己的老朋友为其注资，徐新评价刘强东"有杀手的直觉"。近 8 年的对京东的全方位支持，给今日资本带来了 150 多倍的回报。

张磊，投资京东，账面收益 40 倍

在 2014 年以前，很多人都不知道张磊，也没听说过高瓴资本，张磊在国内低调潜行。2005 年，投资腾讯时，其市值不足 20 亿美元，2014 年腾讯市值已经超过了 1 900 亿美元；入股京东，账面收益翻 40 倍。2014 年，高瓴资本已经成为亚洲资产管理规模最大、业绩最优秀的基金之一。

徐小平，聚美优品带来千倍账面回报

在聚美优品创始人陈欧创业之初，徐小平对其赞赏有加，并认为聚美充满想象空间，于是作为天使投资人投入了 18 万美元，之后又陆续追投。2014 年 5 月，聚美优品赴美上市，徐小平以 1 368 倍的账面投资回报坐上最卓越天使投资人宝座。

沈南鹏，投资京东，账面收益 40 倍

毫无疑问，红杉中国是 2014 年投资界最大的赢家，以 11 家退出成为退出案例最多的投资机构，其中有 7 家上市、4 家公司通过并购退出。2014 年三大电商上市案中，无一例外均有红杉中国的身影，加上此前横扫美国市场的唯品会，国内电商行业已经被红杉中国通吃了。

2015 年 ｜ 大潮起，VC 进入 2.0 时代

2015 年，波澜壮阔。

彼时，全民创业的热情被引爆，创业者如雨后春笋涌现。来自中国政府网的一组数据显示：这一年，中国平均每天新登记注册的企业达到 1.16 万户，平均每分钟诞生 8 家企业。

同一时期，国内 VC/PE 机构的数量也出现爆炸式增长。清科研究中心数据披露，2015 年中国私募股权机构新募基金共计 2249 支，是 2014 年募集基金数量的 5 倍，募集到位的基金数量达到历史最高点，募集金额也刷新了历史纪录。

互联网世纪大合并

合并，成了 2015 年互联网企业的一个关键词。

这一年 2 月 14 日，情人节来临之际，滴滴打车（2015 年 9 月更名为"滴滴出行"）与快的打车突然联合发布声明，宣布两家实现战略合并。尘埃落定之后，时任滴滴打车 CEO 程维一度感慨："打则惊天动地，和则恩爱到底！"

很快，58 同城与赶集网宣布合并；而之后最为轰动的是 2015 年 10 月，美团和大众点评宣布合并成立一家新公司，新美大诞生；与此同时，携程与百度也达成一项股权置换交易，完成与去哪儿的合并。

这一系列的合并是中国互联网历史上难以磨灭的记忆。经过前期的烧钱乱战，到了后期，市场上基本上只剩下行业的老大与老二了。由于双方的差异化并不明显，继续竞争下去也分不出胜负，倒不如握手言和，共同做大市场。

当然，投资人在促成合并上功不可没，比如红杉中国，向来被视作美团与大众点评合并背后的重要角色。2006 年，红杉中国投资大众点评，此后

又多轮押注；2010年，红杉中国又出手美团，并且后来也一直持续投资。美团与大众点评完成合并后，新美大成为红杉中国在移动互联网领域的经典一役。

VC 第二次裂变潮

2005年左右，中国VC行业曾经历一次裂变：沈南鹏、阎焱、徐新、张磊纷纷设立新的基金，催生了红杉中国、赛富亚洲、今日资本、高瓴……世易时移，相似的一幕再度上演。

2015年前后，中国VC 2.0时代的大幕缓缓拉开，一个个崭新的机构名称出现在中国创投史上。

张震　高榕资本创始合伙人

早在2013年，还是IDG资本合伙人的张震、高翔已经嗅到了互联网新贵将会迅速崛起的趋势，开始在IDG资本内部主张另成立一支单独融资的子基金。但由于这支基金的投资风格更激进而未能实现。于是，二人联合IDG资本副总裁岳斌共同请辞，随后创立了高榕资本。

曹毅　源码资本创始合伙人

2014年4月，曹毅找到王兴、张一鸣，告诉他们自己打算成立一支基金。一个月后，这只新基金——源码资本完成了1亿美元的募集。2015年4月，源码资本宣布成功完成了二期基金募集，速度

之快令人惊讶。

高榕资本和源码资本只是这场 VC 巨变中的两个典型的缩影在，那两年里，几乎每个月都会有投资人离职出来单干的消息传出。

及至 2015 年，VC 裂变进入高峰期，数十位中坚力量的明星投资人离职创立新机构。刘二海、黄晓黎、李丰、戴周颖等知名 GP 纷纷自立门户，一位接着一位，已经形成的行业格局渐渐被涌入的新基金改变。

2016 年 |"创投国十条"出台，共享经济大战正酣

2016 年 9 月，我国创业投资体制建设史上具有里程碑式意义的"创投国十条"——《国务院关于促进创业投资持续健康发展的若干意见》发布。至此，中国创投行业步入了新的发展时期。

彼时，"资本寒冬"的论调广为流传，但清科集团创始人、董事长，清科创业 CEO 倪正东带来了一组数据：2016 年前 11 个月，股权投资市场有 2191 支新募基金，募资总额超 1.15 万亿元人民币，其中人民币基金有 2000 多支，募资总额 9853 亿元人民币，美元基金有 99 支，募资总额 1691 亿元人民币。

放在中国创投的历史长河里来看，倪正东总结："人民币基金已经成为市场上的主导者。"

另一边，共享经济掀起了融资狂潮，吸引无数投资人投身其中。2016 年底，由清科集团主办的第十六届中国股权投资年度论坛现场，王刚和朱啸虎——共享经济领域最火热的两位投资人罕见同框，与源政投资董事长杨向阳、著名天使投资人龚虹嘉及普华集团董事长曹国熊一起聊起了超级天使的投资逻辑。

2016 年，那些叱咤创投圈的代表人物

王刚，天使投资人

王刚是程维在阿里的老同事。滴滴出行成立初期，王刚出资 70 万元，成为滴滴出行

的天使投资人。此后，王刚不断在滴滴出行陷入困境的时候提供资金支持，还在 2015 年和 2016 年分别促成了滴滴出行与快的、滴滴出行与优步中国的合并。

王刚十分欣赏程维。他形容自己和滴滴一路走来的过程是互相依托、相互成全，"能遇到他（程维）是我的福气"。尽管日后一路磕磕碰碰，但这笔初始资金依旧获得了惊人回报，一举奠定了王刚在中国早期投资领域的江湖地位。

朱啸虎，金沙江创投合伙人

此时的另一位标志性投资人是金沙江创投合伙人朱啸虎。滴滴出行和 ofo 是他在共享经济领域最为知名的两个投资案例。2016 年，ofo 拿到了金沙江创投的融资，当时的朱啸虎十分看好这一项目，曾留下了一句广为人知的话："共享单车将在 90 天内结束'战争'，胜利者是 ofo。"

风口之下"谁人不识朱啸虎"。从"独角兽捕手"到"鼓风机"，尽管毁誉参半，但从滴滴出行到 ofo，朱啸虎都是为数不多赚到钱的投资人。他给不少投资同行上了一课：不但要投得早，还要退得巧。潇洒离场后，朱啸虎曾在很长一段时间里淡出创投圈视野。

2017 年 ｜ 人民币基金迎来 IPO 丰收年

这是中国 VC/PE 历史上高歌猛进的一年，"7 天收获 3 家 IPO""12 小时收获 2 家 IPO"等各种传奇不断上演……久违的 IPO 丰收情景再次出现。

而募资端，虽然美元基金和人民币基金的募集都有同比双升的趋势，但美元基金的增幅远远不及人民币基金。清科研究中心数据显示——2017 年前 11 个月，3418 支新成立的基金中有 3339 支是人民币基金，募资规模为 1.5 万亿元人民币；美元基金有 79 支，募资规模为 1000 亿元人民币。

2017 年 12 月初，清科集团创始人、董事长，清科创业 CEO 倪正东将深创投董事长倪泽望与达晨财智创始合伙人、董事长刘昼邀请到第十七届中国股权投资年度论坛现场，三个人展开了一场难得的对话。

与此同时，以 BAT 为主的互联网战投进一步崭露头角，靠战略投资拿下入场券。甚至在一定程度上，几家互联网大厂的投资，常常对新兴互联网项目的崛起与死亡起到关键性作用。

2017 年的记忆：IDG 资本收购 IDG

2017 年伊始，IDG 资本正式宣布联合泛海资本收购 IDG 集团。收购完成后，IDG 资本将控股 IDG Ventures 业务。

消息传来，《投资界》第一时间拨通了 IDG 资本创始董事长熊晓鸽先生的电话。

彼时，他已经抵达美国麻省理工学院，即将出席在麻省理工学院 –IDG/ 麦戈文脑科学研究院举行的收购庆祝仪式。

这是世界投资史上传奇的一笔。"'IDG 资本收购 IDG' ——这桩乍看令人困惑的收购背后，其实蕴含了我们对 IDG 尤其是麦戈文先生的感恩。"熊晓鸽说，"IDG 是 IDG 资本的第一个机构投资人，在 2005 年之前也是唯一的一个。2005 年之后，独立募资的 IDG 资本，获得了更多国内外投资人的认可，设立了更多的成长基金、私募股权基金、并购基金以及人民币基金。虽然 IDG 资本管理的基金规模越来越大，IDG 在基金投资人中所占的份额越来越小，但我们在名字中永远留下了 IDG 的烙印，我们永远是'IDG 资本'——不敢忘记第一个为我们交学费的人。"

2018 年 ｜ 赴港上市潮，"募资难"全面爆发

2018 年留给 VC/PE 圈的记忆很多。

首先是人民币募资难。清科研究中心数据显示，2018 年前三季度中国股权投资市场共新募集 2098 支基金，已募集完成基金规模共计 5839.26 亿元人民币，募资总金额同比下滑 57.1%，堪称"腰斩"。不过需要指出的是，这一年美元基金募资顺利，人民币基金募资金额下降得厉害。

其次是赴港上市潮。从 2018 年 5 月开始，众多内地新经济独角兽公司拉开了赴港上市潮的序幕。期间，绝无仅有的一幕上演：港交所一天内同时迎来 8 家上市公司，每一家公司的高管都要在同一时间段敲锣，开市的锣不够用了。最后，港交所提供了一个折中的办法：每两家公司共用一面锣，每家公司一个人敲。

林林总总，这些历史画面构成了 2018 年或喜或悲的记忆。

影响深远的一幕："募资难"爆发

2018 年春节假期结束回来上班后，一股不安的情绪开始在创投机构之间扩散：今年募资怎么这么难？

2018 年 2 月份，无论是老牌 PE 还是最近三五年成立的 VC，无一例外都在做同一件事情：募资。当时，圈内流传着一个故事：一家成立近五年的 VC 机构，春节回来后除了前台，人人身上都背上了募资 KPI 考核，可以说是全员募资。

究其原因，资管新规算是导火索，但根本原因还是积压已久的行业现状。2018 年前后，中国正处于经济结构转型阶段，严监管、去杠杆为金融业

主要基调，这是投资人必然要面对的现状。而从市场层面来看，募资难也是投资机构爆发式增长后，优胜劣汰的必经之路。

这一年可能是互联网公司最后一波上市潮

2018 年 7 月 9 日，港交所迎来改革后第一个"同股不同权"的上市公司——小米集团。

敲锣前，GGV 纪源资本童士豪、辰兴资本刘芹、启明创投邝子平等多位投资人出现在港交所。雷军在公开信中回忆，小米最早期的 VC 第一笔投了 500 万美元，上市前回报已经高达 866 倍，这笔投资的投资人就是刘芹。

两个月后，王兴也带着美团来到了港交所。上市前，美团融资总额近 85 亿美元，从投资的轮次和金额来看，腾讯、红杉中国、高瓴、今日资本、IDG 资本等，在这一天成了"最大赢家"。

其中，红杉中国既是美团唯一的 A 轮投资方，也是大众点评的 A 轮投资方。上市当天，沈南鹏发布亲笔信，细数了红杉中国陪伴美团与大众点评走

过的那些日子。

同一年，黄峥带着一匹从下沉市场杀出的黑马赴美敲钟，拼多多登陆纳斯达克。这是互联网所剩不多能够带给 VC 超高回报的案例，其中高榕资本凭借对拼多多的投资，缔造了中国创投史上又一经典案例。

2019 年 │ 科创板开闸，本土创投退出盛宴

这是载入中国创投史册的一天——2019 年 7 月 22 日上午 9 时 30 分，上海证券交易所交易大厅内传来一声锣响，科创板正式开板，首批 25 家企业成功挂牌上市交易，开盘集体上涨，多只个股涨幅翻倍，盛况如同十年前的创业板开闸。

沸腾中，本土创投成为大赢家，迎来退出盛宴。

深圳本土创投机构的表现尤其抢眼，比如深创投、松禾资本、达晨财智、同创伟业、啟赋资本、架桥资本等都拔得头筹。除 VC/PE 机构外，产业投资基金的表现也颇为亮眼，如北汽产投、小米科技旗下基金、英特尔投资等。当然，还有一些较少曝光的地方创投基金也成为科创板的受益者。

随着科创板登场，硬科技 IPO 站在了时代的聚光灯下，硬科技投资迎来了前所未有的热闹景象。

倪泽望，深创投董事长

刘昼，达晨财智创始合伙人、董事长

此后几年，无 VC 不投硬科技。那些在移动互联时期崛起的一线美元基金和投资人，也开始纷纷转向芯片、医疗、新能源、新材料等方向。但以往的互联网打法在硬科技领域难以奏效，美元基金明显出现"水土不服"，中国创投行业新的分水岭逐渐显现。

2020 年 | 回港二次上市潮

北京时间 2020 年 4 月 2 日晚，瑞幸咖啡自曝财务造假，举世哗然。

而另一边，港股渐渐热闹起来了。网易、京东、华住集团、中通快递、新东方、蔚来汽车等纷纷在港交所挂牌发行，完成二次上市。

在浩浩荡荡的港交所敲钟队伍中，"中国股权投资服务第一股"清科创业在 2020 年最后一天完成了港股 IPO。20 年时光，人来人往，潮起潮落，正是中国创投从蛮荒时代走向成熟的一段重要历程。

热烈庆祝清科创业控股有限公司香港交易所成功上市

2021 年 │ 新消费退场，新能源崛起

没有敲钟仪式，滴滴出行在 2021 年的夏夜上市了。接下来的事情我们依然记忆犹新，中企赴美 IPO 陷入一种静悄悄的状态。这是一个重要转折点，此后美元基金开始面临退出之困。

2021 年，同样是新消费投资人最难忘的一年。

其实自 2020 年新冠肺炎疫情发生以来，消费赛道一度发展很快，并在 2021 年上半年达到了高潮。期间，从咖啡、烘焙、低度酒到米粉、拉面和烧烤炸串，还有新服饰、护肤彩妆等都受到了 VC 的追捧。

2021 年 6 月，奈雪的茶成功登陆港交所，成为消费盛世的最后余晖。从 2021 下半年起，新消费投资明显降温，一场"去泡沫化"运动在新消费圈上演。

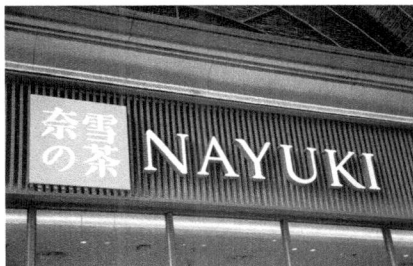

同时发生的，是 VC/PE 集体涌入碳中和领域，悄然间似乎无人不投新能源。2021 年新能源独角兽接踵而至，2022 年一级市场最轰动的融资之一——广汽埃安完成 183 亿元 A 轮融资，引进了 53 名战略投资者。完成融资后，广汽埃安投后估值 1032.39 亿元，成为当时国内未上市新能源车企估值最高的企业。

2022 年 │ 投资人扛起招商 KPI

这一年最震撼的一幕是 2022 年 12 月底，由清科举办的第 22 届中国股权投资年度论坛现场，深圳市"20+8"产业集群基金总体规划正式公布。这一次，深圳市引导基金统筹设立围绕战略性新兴产业和未来产业集群的"20+8"产业基金群，打造一个新千亿基金群。

这是政府引导基金发展的崭新一页。以深圳为代表的政府引导基金率先进入 2.0 时代——一改过去"撒胡椒面式"投资，变成聚焦于某一

"20+8"产业集群第一批基金管理机构公开遴

个产业、某一个细分领域，以更为主动的方式发挥财政资金的引导作用。

纵观 2022 年，从北上深向中西部延伸，从国家级、省市级向区县级下沉，引导基金在全国开花。

如此一幕也深刻影响了中国创投生态。我们看到，2022 年没有哪家 GP 在募资时不去拜访地方政府引导基金，大家的 LP 阵营里总会出现以政府引导基金为代表的国资身影。站在历史的十字路口，投资人不约而同地扛起了招商 KPI，这是前所未有的一幕。

2023 年 │ 红杉分拆，美元基金独立潮

当时代钟摆来到人民币基金这里时，美元基金则经历着一场巨变。

如本书前文所述，2023 年 6 月底，全球 VC 巨头红杉资本正式宣布，将把红杉美欧、中国、印度 / 东南亚三地的本土基金彻底分拆，各自完全独立运营，并采用不同品牌开展业务。

今后，红杉美欧将继续沿用 "Sequoia Capital" 的品牌，而红杉中国将继续使用 "红杉" 的中文品牌名并采用 "HongShan" 作为英文品牌名，红杉印度 / 东南亚将改名为 "Peak XV Partners"。

红杉资本拆分被视为一个分水岭。此后不久，蓝驰创投宣布将不再与硅谷风险投资基金 BlueRun Ventures 共享 "BlueRun"，英文品牌名变更为 "Lanchi Ventures"。

另一个标志性事件是 2023 年 9 月底，纪源资本宣布正式独立运营，不再使用 "GGV" 这一英文品牌。此次宣布独立运营，标志着纪源资本将更加专注于中国的本地化投资。

至此，一个明显的趋势摆在眼前——美元基金独立潮。适者生存，这是创投行业亘古不变的道理。如何调整姿势，正在拷问着每一个置身其中的投资人。